una biblia
nuevo testamento

A la memoria de mi padre
P. L.

Para el Gran Jefe Apache, con cariño
R. D.

una biblia
nuevo testamento

Philippe Lechermeier
Rébecca Dautremer

EDELVIVES

Prefacio

¿Por qué escribir *una biblia*?
Porque contar la Biblia es contar nuestra historia, una historia construida con miles de mitos, cuentos y leyendas.
¿Cómo entender el mundo sin todos esos relatos? ¿Cómo comprenderlo sin saber quiénes son Abraham, Goliat, la reina de Saba y María Magdalena? ¿Cómo descifrar el arte, la arquitectura o la literatura sin conocer los fabulosos cimientos de nuestra sociedad?
La Biblia no pertenece en exclusiva a la religión.
La Biblia es un bien común.
Al margen de que se sea o no creyente, nos guste o no, sus mitos han forjado nuestras sociedades. Se inmiscuyen en nuestra vida cotidiana y circulan en nuestro inconsciente.
Al escribir este texto, he querido que cada cual pueda recuperar algo que es suyo.
Una biblia no es la Biblia.
Una biblia está compuesta de historias que se repiten y se reinventan.
Historias que se relatan.
Y que nos relatan.

Philippe Lechermeier

Un nuevo testamento

El hombre pájaro

En el inmenso azul del cielo, el hombre pájaro extiende sus largas alas.
Durante un largo trecho se deja llevar a merced del viento, dibujando grandes círculos.
De vez en cuando, desaparece en una nube y vuelve a surgir un poco más allá, casi inmóvil en la inmensidad, como en equilibrio.
Por fin, repliega las alas en la espalda y se precipita hacia la tierra.
Conteniendo la respiración, embriagado por la velocidad, cierra los ojos.
El aire resbala por su piel y por su plumaje liso.
Cuando abre los párpados, todo lo que hace unos instantes parecía minúsculo se ve ahora mucho más grande.
Entonces, en un gesto brusco, se yergue y, con un estrepitoso aleteo, planta los pies en el suelo.

Delante de él hay una joven petrificada de estupor. Lo había visto antes dando vueltas en el cielo, pero había creído que era una de tantas rapaces que sobrevuelan los rebaños esperando atrapar con sus garras algún cordero rezagado.
Pero luego dejó de prestarle atención y, en el camino rocoso, se había detenido a recoger unas flores.
Unas flores que nunca había visto.
De tallos largos y finos.
Y pétalos blancos.
Un blanco nacarado.
Entre la perla y la lágrima.

Y ahora se encontraba frente a aquella aparición.
Estaba completamente inmóvil, a pesar del rostro sonriente.
El hombre pájaro la observaba con dulzura.
Sobre los hombros le caían unos finos bucles, dorados y brillantes como los rayos del sol.
Su tez, clara y recubierta de plumón blanco, iba dejando paso a unas largas plumas moteadas.

Del susto, a la joven se le había caído el ramo.
Las flores se habían esparcido en el camino polvoriento.

El hombre pájaro se inclinó para recogerlas y se las tendió a María.
La mujer seguía quieta, incapaz de hacer un solo movimiento.
Era muy joven, apenas una niña.
Vivía en Nazaret, la pequeña ciudad vecina.
Su familia acababa de prometerla con José.

—No tengas miedo —la tranquilizó el hombre pájaro—.
He venido a anunciarte una gran noticia.
Dentro de un tiempo, se abultará tu vientre.
Y al poco darás a luz un niño.
Le pondrás por nombre Jesús.
Y ahora escúchame: el niño que llevarás en tu vientre será el hijo de Dios. El hijo de Dios en la tierra.

—Pero ¿eso cómo puede ser? —murmuró María—. Si no conozco varón.

—Debes saber, María, que para Dios no hay nada imposible. Y que a partir de hoy no tendrás nada que temer, porque Él te cubrirá con su sombra.

Volvió a contemplarla sonriendo. Le puso las flores blancas entre las manos.
Y con un movimiento vivaz tomó impulso, desplegó sus grandes alas y alzó el vuelo.

Cuando se convirtió en un punto diminuto en el cielo, María volvió a componer el ramo.
Tenía una sensación indescriptible.
Debería sentirse aterrorizada. Aterrorizada por aquella aparición, pero también por lo que José y sus padres pensarían. Pues, sin duda, la repudiarían por concebir el hijo de otro.
Sin embargo, allí estaba, contemplando cómo el hombre pájaro desaparecía entre las nubes.
Allí estaba, con su ramo en la mano, sonriendo también.
No había cumplido quince años.
Era apenas una niña.
Y llevaba en su vientre al hijo de Dios.

El viaje

María, extenuada, miraba cómo José preparaba el asno que iba a acompañarlos durante el viaje. Sus movimientos eran torpes debido al grosor de su vientre, pero trataba de ayudar como podía. Estaba a punto de dar a luz, pues ya hacía ocho meses que se le había aparecido el hombre pájaro.
Inmediatamente después de su visita, María había ido a buscar a José. Con la voz temblorosa y la cabeza gacha, iba a anunciarle que estaba embarazada. Y que él no era el padre.
—José —empezó a hablar, pero él no dejó que terminara la frase.
—¡Shhhh! —susurró, llevándose el dedo a los labios, y, cuando María se calló, siguió diciendo—: Ya lo sé. A mí también me lo ha anunciado. —Y, al ver la expresión estupefacta de María, añadió—: Lo del Dios todopoderoso, lo de su voluntad, su hijo, el que llevas en tu vientre y al que pondremos por nombre Jesús…
Y, en cuanto se lo permitieron la ley y la tradición, la había tomado por esposa. Desde entonces, se comportaba con ella como si el hijo que esperaban fuera suyo. Sin hacerle jamás reproche ninguno y sin asomo de celos.

Los últimos meses, entre la llegada de María a casa de José y los preparativos del nacimiento, habían transcurrido muy deprisa. Cada día aprendían a conocerse mejor y a acostumbrarse el uno al otro.
Después, había llegado la noticia. Los romanos, cuyos ejércitos ocupaban Palestina desde hacía muchos años, querían hacer un recuento de habitantes, y para ello habían decidido organizar un censo. Un decreto anunció que todos los ciudadanos debían acudir a su lugar de nacimiento para empadronarse. José había nacido en Belén, y de Nazaret a su ciudad natal los esperaba un largo viaje, sobre todo teniendo en cuenta el estado en el que se encontraba María. Pero no tenían más remedio que llevarlo a cabo: José no podía dejarla sola, y era impensable sustraer-

se a las obligaciones impuestas por el ocupante romano. De modo que se habían resignado a emprender el viaje.

Una luz asomaba por el horizonte.
El día despuntaba.
José ayudó a María a subir al asno y se pusieron en camino.
A lo lejos, se oían los ladridos de un perro.

Cruzaron Galilea.
Y luego Samaría.
Y llegaron a Belén de Judea.
Con el rostro bronceado por el sol y la ropa impregnada con el polvo del desierto y el limo de los ríos, buscaron un lugar donde poder descansar.
Pero, por más que buscaron, no encontraron un solo alojamiento en toda la ciudad. Las posadas habían colgado el cartel de completo y las caravanas estaban repletas de familias que habían salido de viaje para acatar la orden censal. Las calles estaban abarrotadas de viajeros que no encontraban alojamiento. Los niños correteaban y chillaban y los camellos obstruían las callejuelas más pequeñas. Por todas partes bullía un gentío cansado y nervioso, al que se añadía la multitud de mercaderes que ofrecían bebida y comida y de ladrones que birlaban las bolsas de los más despistados.
José se abría, mal que bien, paso entre la muchedumbre, sin dejar de observar a María, que parecía agotada. Su vientre estaba más abultado que nunca y, aunque María no se había quejado en todo el viaje, José intuía que el nacimiento era inminente.
Tiró de la brida del asno y, entre el gentío cada vez más abundante, cruzaron las murallas y salieron de la ciudad.
Por un camino estrecho se dirigieron a las colinas.
Recorrieron sus curvas hasta que el bullicio de Belén no fue más que un rumor lejano.
Entonces, se detuvieron a la orilla de un río y María se apeó del asno.

El sol había desaparecido y, en la llanura, las luces de la ciudad eran como los reflejos de las estrellas en el agua.

En la montaña, José encontró una gruta cavada en la piedra que normalmente se utilizaba como establo. La limpió a fondo, reunió paja fresca con la que fabricó un lecho y encendió una hoguera para preparar la cena.
Mientras tanto, María bajó al río.
Aprovechando la oscuridad, se quitó la ropa y se metió en el agua verde.
El frescor la envolvió como una túnica transparente.
Relajó los brazos y las piernas y respiró pausadamente.
Aunque era de noche, podía ver su vientre flotando en el agua.
Un vientre blanco y redondo.
Como la luna en el cielo.
Ese pensamiento le provocó una risilla.

Salió del agua empapada.
Caminó con cuidado por las piedras calizas y blancas que bordeaban la orilla, y durante unos segundos la huella de sus pies quedó impresa en el suelo.
Luego se acostó en el lecho de paja que José había preparado.
Lejos, muy lejos, se oía el canto de los pastores.

La estrella

El hombre pájaro volaba a gran altura en la noche. Volaba tan alto que nadie, ni siquiera alzando la mirada al cielo ni abriendo los ojos de par en par, habría podido divisarlo.
El viento barría su melena y le desfiguraba el rostro.
Volaba con las plumas bien apretadas, para hacer barrera contra el aire.
Siempre que podía, se dejaba llevar por la corriente, y después, forzando cada uno de sus músculos, hasta el último tendón, batía las alas en busca de otra corriente de aire caliente que lo llevara aún más lejos, aún más alto.

Voló toda la noche hacia el oriente.
Allá abajo apenas había luz. De vez en cuando se veían las antorchas de un palacio, la hoguera encendida de algún pastor o la luz del horno de algún panadero.
Pero, salvo eso, todo estaba oscuro.

Volaba con los ojos cerrados.
Y las alas abiertas.
A su alrededor, el aire transportaba aromas de especias.
Las fragancias sazonadas del desierto.
La esencia seca y concentrada de las rocas.
La canela, la moscada y las aguas residuales de las grandes ciudades.
El fuerte y ardiente olor de los rebaños.
Los perfumes mezclados de la tierra y el hombre.

Cuando estuvo lejos, tan lejos que ningún hombre, ni siquiera escalando hasta la cumbre más alta ni abriendo los ojos de par en par, hubiera podido alcanzarlo con la mirada, supo que había llegado.

Entró por la ventana de una suntuosa vivienda.
En ella vivía Melchor, el gran mago persa.
El que leía en el firmamento como quien lee un libro.
Al que consultaban los reyes del mundo entero para conocer su destino.
En su aposento, decorado con gruesos tapices y cueros cobrizos, el sabio dormía el sueño de los justos.

El hombre pájaro se acercó al anciano y le rozó suavemente los párpados.
Acto seguido, salió por la ventana y alzó el vuelo.

Al principio, Melchor creyó que había sido un sueño.
Se frotó los ojos y se acercó a la ventana, atraído por una extraña luz.
En el cielo brillaba una estrella más resplandeciente y más hermosa que cualquiera de las que había observado en toda su vida. Inmediatamente comprendió lo que sucedía. Despertó a sus siervos. Quería ponerse en camino antes del amanecer, pues debía seguir esa estrella.

El hombre pájaro voló hasta la India, al palacio donde residía el mago Gaspar. Y después cruzó el océano hasta África, donde vivía Baltasar, el famoso hechicero. Ellos también, al igual que Melchor, descubrieron la nueva estrella que acababa de aparecer en el cielo.
Y, como llevaban años esperando esa señal y querían ponerse en marcha de inmediato, despertaron a sus siervos y ordenaron que prepararan sus caballos, camellos y elefantes.

Luego, el hombre pájaro regresó a Belén.
Cerca de la gruta en la que se habían instalado María y José, vio unos pastores tumbados junto a una hoguera. Hacía una noche tan agradable que no habían recogido los rebaños. Estaban charlando y cantando cuando el hombre pájaro se les apareció para anunciarles el nacimiento del hijo de Dios.
Al principio, creyeron que estaban soñando. Uno de ellos se preguntó incluso si el vino que habían bebido no estaría envenenado. ¿El hijo de Dios? ¿En una cueva que normalmente se utilizaba para reunir el ganado?
Pero las palabras del hombre pájaro penetraron tan profundamente en sus corazones que, sin dilación, abandonaron los rebaños y acudieron a la gruta.

Cuando llegaron, las primeras luces del alba iluminaban el lecho de paja.
José y María estaban recostados en él, dormidos, formando un círculo.
En medio de los dos gimoteaba un niño.
Era el hijo de Dios.
Los pastores se postraron.
Y en un susurro, para no despertarlos, se pusieron a rezar.

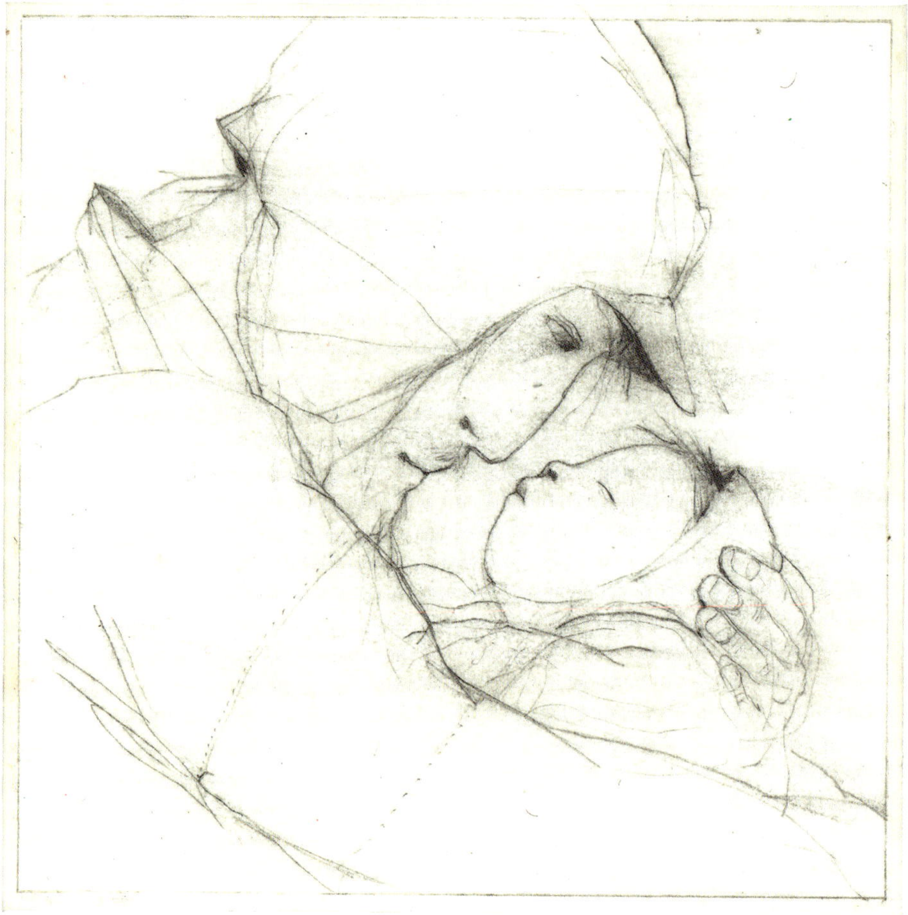

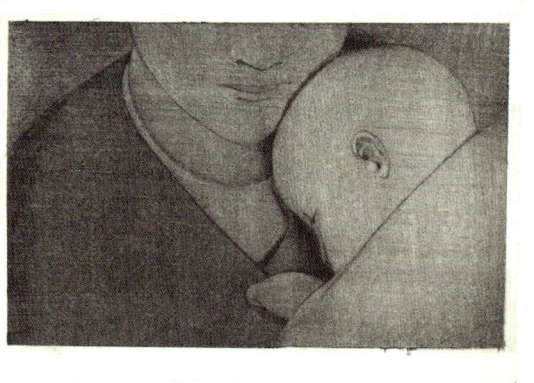

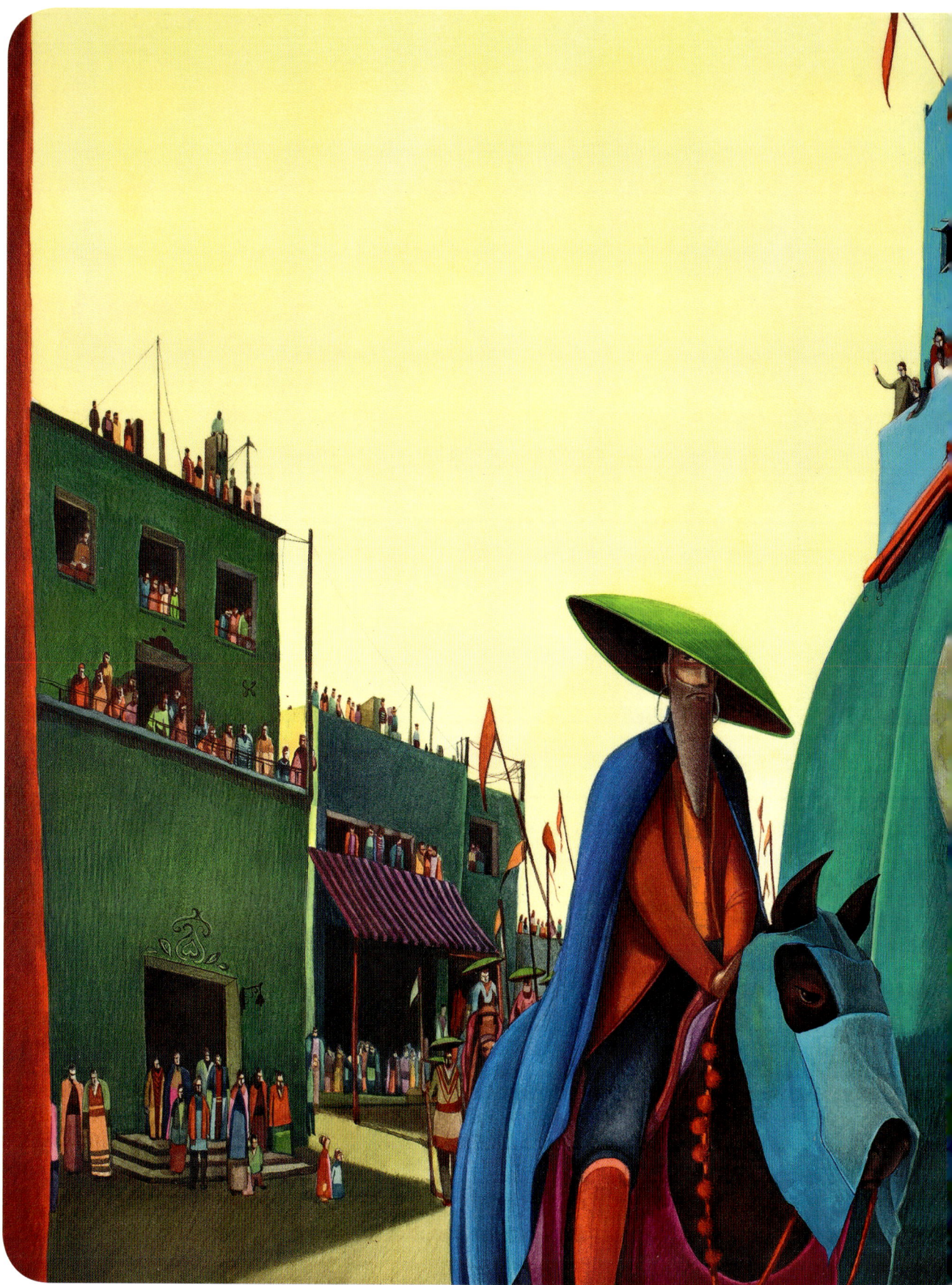

El tirano

Cerca de Samarcanda, el mago Melchor se encontró con Gaspar. Aunque no se conocían personalmente, cada uno sabía de la fama del otro. Tras las presentaciones de rigor, decidieron unir sus caravanas y proseguir juntos el camino. Viajaban principalmente de noche, en pos del nuevo astro, pues estaban convencidos de que los llevaría hasta el hijo de Dios.
Al salir del desierto de Arabia, coincidieron con Baltasar que, rodeado de una gran escolta, llegaba de África montado en elefante. Tras departir largo y tendido, los tres magos unieron sus caravanas.
Su llegada a Jerusalén fue todo un acontecimiento. Era raro que un cortejo tan prestigioso cruzara las murallas. En las calles, la muchedumbre se apartaba para admirar a aquellos tres hombres vestidos como príncipes, acompañados de numerosos siervos y de animales fabulosos.
El clamor del gentío era tal que se propagó hasta el palacio del rey Herodes.
La población odiaba a Herodes, a quien los romanos habían puesto en el trono. Era temido por su crueldad y su villanía. Estaba dispuesto a cualquier cosa; todo el mundo sabía que no había dudado en matar a su mujer y a dos de sus hijos para mantenerse en el poder.
Oficialmente, lo llamaban Herodes el Grande.
Pero todo el mundo lo apodaba Herodes el Sanguinario.
O el ogro de Judea.
El rey escarlata.

Con gran curiosidad por conocer a los tres magos, los recibió en su palacio. Y, cuando entraron en la sala del trono, ordenó que sonaran cuernos y trompetas.
—¿Qué trae a mi reino a los tres magos más insignes de oriente? Se tratará, sin duda, de un acontecimiento de altura —dijo Herodes inclinando la cabeza de mala gana.
—Hemos venido a rendir tributo al rey de los judíos —anunció Baltasar con su grave vozarrón.
—Es un gran honor —respondió Herodes, casi ruborizándose.
—Te equivocas —replicó Gaspar—, no nos referimos a ti, sino al hijo de Dios.
—¿Cómo? —se sorprendió Herodes, que se había puesto más pálido que nunca—. ¿Otro rey que no soy yo? ¿Qué noticia es esta? ¡Yo soy el único rey de los judíos!

Esta vez, fue Melchor quien tomó la palabra. Habló de la nueva estrella que habían visto brillar entre las constelaciones del cielo, de su significado, del advenimiento del hijo de Dios a la tierra y de la llegada de un nuevo rey para los judíos.

Herodes, que para acceder al trono se había pasado la vida traicionando, exterminando y asesinando, notó cómo le hervía la sangre al oír las explicaciones de los magos. Sin embargo, aunque su orgullo y su ambición no tenían límites, era astuto como una serpiente de coral que se esconde antes de morder a su víctima:

—Queridos amigos —dijo—, ¡es una noticia extraordinaria! Como os podéis imaginar, un hombre como yo también desearía honrar a un nuevo rey. Cuando encontréis su paradero, hacedme saber dónde puedo ir a saludarlo.

Y, tras las ceremonias habituales, ya de noche, los tres sabios emprendieron el viaje.

Unos días después, entraron en Belén. Buscaron un palacio o una suntuosa morada, pero la estrella los condujo hasta una cueva. Quisieron dar media vuelta, pues creían que se habían equivocado, pero, en lo alto, el astro que llevaban siguiendo varios meses se mantuvo en su sitio. Sí, habían llegado a su destino.

Los tres magos más grandes de oriente, Melchor, Gaspar y Baltasar, se adentraron en la caverna. Un fuerte olor a heno fresco, hierba cortada y leche se mezclaba con el aroma del sarmiento que José arrojaba a las llamas. Junto al asno había varias ovejas y un buey que, con el calor fuego, bastaban para caldear la estancia. Los magos adoraron pausadamente a Jesús, el hijo de Dios, tal y como el hombre pájaro les había recomendado. Melchor, pese a su avanzada edad, permaneció largo rato postrado de rodillas sobre la roca, agachando la cabeza hasta el suelo. Después, cada uno de ellos entregó al niño ofrendas dignas de un rey.

Melchor le trajo oro.

Gaspar le entregó incienso.

Y Baltasar le obsequió mirra.

Antes de que se marcharan, el hombre pájaro los visitó de nuevo mientras dormían. Se apareció en sus sueños para avisarlos: no debían revelar el paradero de Jesús, pues, de lo contrario, Herodes, por miedo a perder el trono, mandaría que lo mataran.

Así pues, cuando despertaron, los magos decidieron no hacer el camino de vuelta por Jerusalén, sino embarcarse en el puerto de Tarso, una ciudad situada más al norte.

Cuando Herodes se enteró de que lo habían engañado, fue preso del odio y los celos. Escoltado por su guardia personal, salió en busca de los magos. Y, cuando supo que su barco ya había abandonado el puerto, su cólera no hizo sino aumentar. Entonces, ordenó que incendiaran todos los barcos que estaban amarrados a la orilla. Se formó una hoguera tan colosal que tardó varios días en extinguirse y se pudo ver a varias jornadas de distancia.

Pero aquel acto no logró aplacar su furor. La idea de que otro pudiera usurparle el trono lo ponía fuera de sí. Cuando supo que los magos habían hecho parada en Belén, ordenó a sus tropas que marcaran con una señal todas las casas donde hubiera nacido un niño en los dos años anteriores, y envió a sus soldados para sacrificarlos. El dolor de sus madres fue tan atroz que sus gritos y sus llantos resonaron durante mucho tiempo.

Desde ese día, no se volvió a pronunciar en todo el reino el nombre de Herodes y, cuando no había más remedio que nombrarlo, se le llamaba infanticida, asesino de inocentes.

Mientras los barcos ardían y las madres de Belén clamaban, José llevaba en el asno a María y Jesús por caminos escarpados. Habían salido de viaje esa misma mañana, sin apenas víveres ni agua.

Durante la noche, José había tenido unos sueños terribles. Unos soldados, armados con sables, se apoderaban del niño para degollarlo. En su sueño todo eran gritos, llantos, sangre y dolor.

Cuando despertó, se tranquilizó al oír los gorjeos. El niño, acostado boca arriba, jugaba a sujetarse los pies:

—Solo ha sido una pesadilla —pensó José al principio.

Pero entonces, cuando se levantó para avivar el fuego, vio una pluma junto al lecho. Una pluma larga y ligeramente moteada.

Supo en el acto lo que debía hacer. Despertó a María y, tras preparar su exiguo equipaje y eliminar los rastros de su presencia en la gruta, se pusieron en camino.

Durante muchos días avanzaron despacio, evitando entrar en las ciudades y las aldeas, y se escondían en cuanto avistaban un alojamiento, para que Herodes no pudiera seguirles la pista. Caminaron por llanuras extensas y monótonas y cruzaron el desierto y las montañas áridas y rocosas. Por fin, agotados, demacrados, llegaron a Egipto.

María abrazaba con fuerza a su hijo recién nacido.

Se echó a llorar, de alegría y agradecimiento.

Estaban a salvo.

Un niño como los demás

Un niño como los demás.
Y durante todos esos años también María había procurado ser una madre como las demás.
Como cualquier otra madre, lo había estrechado en su regazo; como cualquier otra madre, había celebrado sus primeros pasos y sus primeras palabras. Y, como cualquier otra madre, se había preocupado cuando al niño le subía la fiebre, sufría una caída grave o se peleaba con los demás niños.
José también se había comportado como un padre. Había instruido a Jesús en la ley de Moisés. Le había enseñado la fuerza y la dulzura. Y, cuando el rey Herodes murió y pudieron regresar a Nazaret sin temer por sus vidas, había empezado a transmitirle los rudimentos de su oficio de carpintero y el gusto por el trabajo bien hecho.

María recuerda su regreso de Egipto como si fuera ayer.
Los pies pisando la tierra de sus antepasados.
El blanco resplandeciente de las casas entre las colinas.
La alfombra verde de los jardines.
El perfume de verbena, hinojo y comino.
Y José con el niño a hombros: mira, eso es el horno en el que los aldeanos cuecen el pan. Allí están los campos de trigo; más arriba, los olivos y sus ramas retorcidas. Allí, el pozo en el que se saca agua clara y fresca. Y allí está nuestra casa.
Una casa con los muros encalados y una espaciosa habitación que también sirve de taller.
Una casa que José había construido con sus propias manos.
Una casa como cualquier otra.
Su casa.
Y ahora que ya no era un niño, ahora que casi se había convertido en un hombre, María recordaba.
Sus gritos mezclados con los de los otros niños, que corrían descalzos por la calle.

Las carcajadas con sus primos cuando, las noches de fiesta, dormían sobre una esterilla en el suelo.

Lo orgulloso que se sentía cuando dibujaba en la arena los planos complicados de una estructura y luego se ponía manos a la obra.

Un niño como los demás, pensaba ahora, mientras lo veía transportar, con los músculos tensos, las vigas hasta lo alto del tejado.

Un niño que se había hecho un hombre. Al que las chicas miraban a hurtadillas y que, cuando hablaba con ellas, sacaba el rubor de sus mejillas.

Un niño como los demás.

Ya desde muy pequeño, Jesús se marchaba a solas de vez en cuando, por el camino escarpado que llevaba hasta las rocas. Subía allí sin temor a arañarse las piernas con las zarzas. Se sentaba con la mirada perdida en el horizonte, como si buscara el mar de Galilea que brilla a lo lejos los días en que el aire es puro y límpido.

Podía permanecer así durante horas, con la mirada puesta en lontananza. Al principio, María, preocupada, lo observaba a escondidas. Veía cómo fruncía el ceño, como si, de pronto, le preocupara alguna idea. O quizá solo fuera por culpa del viento o de un rayo de sol. A veces también distinguía el movimiento de sus labios. Un movimiento casi imperceptible, que nada tenía que ver con el del loco del pueblo, que se pasaba horas hablando solo.

Cuando el sol empezaba a caer en el horizonte, se ponía en pie y se estiraba para airear los músculos doloridos. Y, por el camino escarpado que llevaba de vuelta a casa, limpiaba con saliva los restos de sangre seca que las espinas le habían dejado en las piernas.

Un niño como los demás.

Para celebrar la Pascua, los tres se habían sumado a la caravana que iba a Jerusalén. Jesús tenía doce años. La muchedumbre acudía en masa a la ciudad, y les costó un gran esfuerzo llegar hasta el gran templo para rezar.

Durante su estancia, María había tenido tanto miedo de que se perdiera que había buscado su rostro y sus rizos morenos diez, hasta cien veces el mismo día y, si no

cruzaba sus ojos cálidos y brillantes diez, cien veces ese mismo día, se preocupaba. Pero todo había salido muy bien. Cuando terminaron las oraciones y las fiestas, acabaron uniéndose a la comitiva de vuelta. Allí, por primera vez, se quitó de la cabeza la idea de que pudiera ocurrirle algo a su hijo. Y, cuando cruzaron las puertas de Jerusalén, se tranquilizó pensando que Jesús estaba jugando con los otros niños.

Por la tarde, cuando la caravana se detuvo, lo buscó con los ojos diez, cien veces, pero no encontró ni rastro de sus rizos morenos. Recorrió la fila de viajeros e interrogó a quienes lo conocían, pero nadie sabía nada. Se sintió desfallecer:

—José —murmuró, y en seguida él la sujetaba para desandar lo andado.

Caminaron toda la noche por caminos poco concurridos en los que cada ruido y cada chasquido agravaban su angustia. Por fin, al amanecer, llegaron de nuevo a Jerusalén.

Tres días. Tres días buscándolo, recorriendo cada calle, cada callejón, preguntando a cada transeúnte y a cada mercader.

Y, cuando todo parecía perdido, cuando, por centésima vez, por milésima vez, hizo la misma pregunta, un anciano sacudió la cabeza de abajo arriba. Lo había visto, sí… Sí, recordaba a un muchacho de ojos cálidos y brillantes que andaba por ahí sin sus padres. Lo había visto en el gran templo, y señaló con el dedo la puerta principal.

María y José cruzaron las salas a toda prisa, empujando a los miles de fieles que todavía seguían allí. En el embriagador aroma del incienso, María se imaginó a su hijo agazapado en un rincón, apoyado en una columna, como todos esos mendigos que se refugian en el recinto del templo esperando una limosna.

Sin embargo, aunque recorrieron todas las salas del templo, no dieron con él. José trataba de animarla, pero María se desesperó de nuevo. Le parecía imposible encontrarlo entre los miles de fieles. Y le volvieron a temblar las piernas:

—José —murmuró otra vez.

José la sujetó del brazo y se dirigieron hacia un grupo de hombres que había en medio de la sala, donde se habían reunido varios sabios, doctores y sacerdotes formando un círculo. José siguió tirando de ella, y, a golpe de hombro, se fueron abriendo paso entre el grupo. Un anciano formuló una pregunta que María no comprendió en absoluto, y entonces, cuando trataba de dar media vuelta, oyó una voz que distinguió entre todas las demás. ¿Era un sueño? ¿Era posible que la voz que respondía fuese la juvenil voz de su hijo? ¿Qué hacía él entre todos esos doctores? Es más, ¿cómo había adquirido él todos esos conocimientos? Para cerciorarse, se abrió paso entre el gentío. Allí, delante de ella, en medio del círculo, con sus rizos oscuros y sus ojos cálidos y brillantes, vio a su hijo sentado en el suelo, con las piernas cruzadas. Con expresión de fastidio, Jesús le dirigió un breve saludo con la mano y después, con voz pausada, le ofreció al sabio una larga respuesta.

Por fin, se levantó y acudió al encuentro de sus padres. Los tres se fundieron en un abrazo.

Varios sacerdotes, al salir, se acercaron para felicitarlos por la inteligencia y la sabiduría de su hijo. ¡Nunca habían visto nada parecido! ¡Imaginaos! Durante tres días, se habían estado turnando para escuchar sus palabras y hacerle preguntas.

«Pero si todavía es solo un niño», pensó María mientras abrazaba a su hijo y, pese a la alegría de haberlo encontrado, no pudo evitar hacerle mil reproches.

Durante un rato, Jesús no dijo nada, como si comprendiera su preocupación. Pero luego la apartó, sin brusquedad pero con firmeza.

Más tarde, cuando salieron a la calle, hizo un movimiento de cabeza para retirarse el pelo de los ojos y preguntó:

—¿Por qué has venido a buscarme? —y, señalando el templo, añadió—: ¿No sabes que mi sitio está aquí, en la casa de mi Padre?

Y durante el trayecto de vuelta caminó delante de ellos, con el ceño fruncido, sin decir una palabra.

Nunca volvieron a mencionar aquellos tres días.

Para ella, Jesús había sido siempre un niño como los demás.

Y habían pasado los días.

Las alegrías y las penas.

Los nacimientos.

Y los fallecimientos.

Las fiestas.

Y los duelos.

Un día, José vio en el cabello de su mujer una mecha más clara.

Se rieron los dos. Hacía ya tiempo que la barba de él se había vuelto completamente blanca.

Más tarde, cuando se quedó sola, se miró las manos.

Unas manos que habían trabajado durante tantos años.

No se sorprendió cuando su hijo vino a su encuentro para anunciarle que iba a marcharse.

Se marchaba de casa, de su aldea.

Ella lo sabía, ¿no?, le preguntó él con ternura.

Desde luego que lo sabía, y se abrazaron de nuevo, ella tan menuda y él tan alto.

Lo sabía y, sin embargo, notó cómo se le partía el corazón.

Jesús se ciñó la alforja al hombro y se volvió una última vez para despedirse con la mano.

Sus cálidos ojos brillaban con intensidad.

El viento despeinaba su oscura melena.

—Volveré —exclamó.

María lo observó durante largo rato.

Hasta que desapareció en el horizonte.

Un niño como los demás.

Jesús.

Jesús de Nazaret.

El que endereza los senderos tortuosos

Con el saco al hombro y una viruta de madera prendida detrás de la oreja, para que todos supieran que era carpintero y pudieran encargarle trabajo, Jesús se fue a buscar a Juan.
¿Acaso ya lo conocía?
«Es el hijo de Isabel, mi prima», le había explicado su madre.
¿No se acordaba de ellos?
De Isabel, sí. Cuando, de pequeño, la vio con sus arrugas y su pelo cano, al principio pensó que era la abuela de Juan. Pero más tarde María le explicó que había tenido a su hijo siendo ya muy mayor y que había sido madre por la voluntad de Dios.
Sí, se acordaba de Isabel. Pero apenas recordaba a Juan.
De todas formas, daba igual. Había pasado mucho tiempo y los dos eran ya adultos. Además, sabía que no le costaría dar con él.
Le habían dicho que se había marchado de casa y que vivía en el desierto.
Solo.
Apartado de todos.
Que por toda vestimenta llevaba una túnica de piel de camello. Que hacía años que no se cortaba el pelo ni se afeitaba la barba.
Y que solo se alimentaba de bayas que recolectaba en los arbustos, miel de abejas silvestres y saltamontes que tostaba al fuego.

En su caminata, Jesús trataba de imaginar cómo serían las jornadas de Juan. Se preguntaba lo que podía ser una vida con la arena del desierto como único hogar y sin otra luz al atardecer que las estrellas del firmamento.

Jesús bordeó el Jordán durante varios días y acabó uniéndose a una caravana que viajaba para Betábara. Todos los que querían atravesar el río se dirigían a esa ciudad, pues allí las aguas eran menos profundas y formaban un vado que permitía cruzar más fácilmente. Entre el gentío había sobre todo mercaderes y viajeros que se encaminaban a Mesopotamia o a Arabia. También había artesanos que viajaban en busca de trabajo, mendigos o ladrones, y era fácil que te desapareciera la bolsa. Allí es donde Jesús esperaba encontrar a Juan.

En la caravana, un rico negociante que caminaba a su lado le había contado que venían gentes de todas partes para conocerlo:

—De la región del Jordán, y también de Judea. Incluso algunos vienen de Jerusalén.

—Dicen que es el Mesías. ¿Realmente es el enviado de Dios? —preguntó una mujer que marchaba junto a ellos.

Y el negociante, al que le molestaban las interrupciones, respondió, no de muy buen grado:

—En absoluto. Ya se lo han preguntado unos sacerdotes, y él ha asegurado que no es el Mesías, sino quien prepara la llegada del Mesías. Es la voz que clama en el desierto, es el que corta las ramas de los árboles que ya no dan fruto, el que endereza los senderos tortuosos para allanar el camino.

—¿Por eso sumerge en las aguas del Jordán a los que van a visitarlo?

—Sí, para limpiarlos de todas sus faltas. De ahí le viene el nombre de bautista. Juan el Bautista.

Al cabo de unos días, cuando la caravana llegó a Betábara, Jesús no tuvo ninguna dificultad para encontrar el vado en el que su primo Juan bautizaba a la gente. A su alrededor se arremolinaba la muchedumbre, que se acercaba a empujones a las orillas del Jordán.
Jesús se puso de puntillas y pudo divisar a Juan entre los juncos. El agua le llegaba hasta el pecho, y la barba y el pelo flotaban en la superficie. Sostenía en sus brazos a un hombre. Lo sumergió en el agua, con ademanes cuidadosos pero decididos. Cuando el hombre sacó la cabeza, Juan le dijo en voz alta, para que todo el mundo lo oyera:
—Ahora vete. Y, si tienes dos túnicas, regala la segunda a quien no tenga ninguna.
Le llegó el turno a una joven que se metió en el Jordán a través de los helechos. De nuevo, Juan repitió los mismos gestos.
—Y tú —le aconsejó esta vez—, si has saciado tu hambre, reparte el pan que te sobra con quien no tenga suficiente de comer.

Jesús se acercó a escasos metros de la orilla.
Cuando le llegó el turno de bautizarse, se metió en el río y se acercó a Juan.
Pero, para sorpresa de todos, Juan se quedó paralizado.
—Ya has llegado —anunció, como si estuviera esperando a Jesús—. ¿Eres tú el que viene a mí, cuando soy yo el que necesita ser bautizado por ti? Bautízame —le rogó, agachando la cabeza.
La muchedumbre no entendía lo que estaba pasando. Todos se preguntaban quién era aquel joven ante el que se inclinaba Juan el Bautista.

Pero Jesús levantó a Juan:

—Sigue con lo que estabas haciendo, no te interrumpas.

Y esta vez fue él quien inclinó la cabeza.

Entonces, con gran emoción, Juan lo tomó en sus brazos y lo sumergió en el agua.

Cuando la cabeza empapada de Jesús salió a la superficie, un sol deslumbrante brillaba en el Jordán con infinitos reflejos.

El gentío se había quedado en silencio, y todos pudieron ver un pájaro blanco que volaba sobre sus cabezas.

Planeó durante un buen rato, como si dudara, y luego, aleteando, fue a posarse en el hombro de Jesús.

En el desierto, los diminutos granos de arena que azotaban los rostros indicaban que se había levantado el viento.

Con cuidado, Jesús llevó la mano al ave y le acarició las plumas, lisas y blancas.

Deslizó los dedos sobre los pliegues finos y regulares de las patas, rozando sus estrías firmes y delicadas.

Un rumor volvía a recorrer ahora la muchedumbre. Entre los murmullos, se oía sin cesar la misma frase: ¡es el Mesías, el hijo de Dios!

Cuando Jesús salió del agua, el pájaro blanco alzó el vuelo.

Durante un rato contemplaron cómo se dirigía al desierto, hasta que se convirtió en un punto diminuto, hasta que desapareció en el cielo azul.

Y al día siguiente, cuando, bajo un calor bochornoso, Jesús se despidió de Juan y salió de Betábara, tomó esa misma dirección.

El desierto

Ahora, la arena era su lecho.
La noche, la sábana que envolvía su cuerpo.
Las estrellas iluminaban sus desvelos.
Y los animales salvajes eran sus compañeros.

Durante cuarenta días permaneció en el desierto.
Solo y sin alimentos.
Caminaba.
Cuando la sed era despiadada, lamía las paredes de las rocas para aplacarla.
Y, para engañar el hambre, se metía una piedra en la boca y la saboreaba.

Durante el día, un zorro del desierto le hacía compañía.
A veces, cuando se detenía para descansar, los órices le arrimaban el hocico.
Por la noche, las pulgas de arena lo envolvían.
Y arañas.
Cigarras.
Termitas.
Escarabajos.
Grillos.
Se tumbaba en la arena aún caliente y oía mordisquear, crujir, gruñir.
Frotar, trepar, rugir.
Escarbar, gritar, ulular.
El más mínimo temblor y el más leve zumbido llegaban hasta sus oídos.
Y en la noche lo mecían con una nueva melodía.
Unas veces, venía a mezclarse el viento, y la melopea desaparecía a lo lejos, como si se la hubiera llevado un ladrón.

Otras veces, brillaba la luna, y cada eco sonaba con más intensidad, con más vigor. Y, otras, había piedras en vez de arena del desierto, y las notas se juntaban sin orden ni concierto.

Durante cuarenta noches, escuchó ese mundo que resonaba, que zumbaba, que le murmuraba sus secretos.

Le oyó al llegar durante la noche cuarenta y una.
Estaba tumbado en el hueco de una duna.
Con la cabeza apoyada en las piedras.
La balada de las cigarras.
La sinfonía amiga de las hormigas.
El canto lejano de una lechuza.
Y luego ya nada más.
Nada.
Se hizo el silencio.
Un silencio completo.
Un viento frío y seco.
Se apagaron las estrellas.
Y, en la oscuridad, oyó esa voz que resonaba, esa voz que, por sí sola, era capaz de infundir miedo en cientos de miles de personas. La voz del diablo.

—¿Cuarenta días sin comer? ¿Sin ingerir? ¿Sin nada que llevarse a la boca?

En cuanto el diablo hubo pronunciado estas palabras, el vientre de Jesús empezó a rugir desaforadamente reclamando la comida que le había faltado durante esos cuarenta días.

A su alrededor, las piedras en las que había apoyado la cabeza se habían transformado en hogazas de pan. Un pan dorado y tierno. Y caliente, como recién salido del horno del panadero.

Jesús acercó la mano a una de ellas y la sostuvo, pero en cuanto la tocó comprendió. Solo era una piedra, una piedra polvorienta.

Al ver su desilusión, el diablo soltó una carcajada:

—¿Qué chasco, eh? ¿Tu estómago clama al cielo? Si eres el hijo de Dios, como va diciendo por ahí tu primo Juan, transforma estas piedras en panes y ya no tendrás hambre.

Jesús se enderezó. Aún sujetaba en la mano la piedra que acababa de recoger.
La arrojó a lo lejos.
Apenas tenía fuerzas.
Estaba débil, la cabeza le daba vueltas.
Pero arrojó también las otras piedras.

—¿Qué haces? —preguntó el diablo, desconcertado—. ¿No estás muerto de hambre?
—Tengo hambre, pero mi alimento es la palabra de Dios —respondió Jesús.
Se dio la vuelta y se sentó en la arena.
Entonces, el diablo se agarró a él para sumirlo en la oscuridad y la tiniebla.
Durante un breve instante, Jesús sintió un frío intenso.
En su cabello sopló un viento más fuerte que el huracán.
Y después estalló una luz cegadora.
Con gran asombro, descubrió que el diablo lo había transportado a la cima del templo de Jerusalén.
Miró hacia abajo. A los pies solo tenía un abismo de varios codos de altura.
El diablo lo miró:
—¡Venga! ¡Salta al vacío! ¿Qué tienes que temer, puesto que eres el hijo de Dios?
En cuanto te tires, Él detendrá tu caída para que no te estrelles contra el suelo.
Pese a la vertiginosa altura, pese al abismo que parecía aspirarlo, Jesús hizo un gesto de indiferencia:
—¿Por qué tentar a Dios en vano? ¿Por qué molestarlo con naderías? ¿No crees que hay cosas más importantes que hacer?

Apenas hubo terminado la frase, el diablo lo agarró por la muñeca para volver a sumirlo en la oscuridad y la tiniebla.
De nuevo, un frío intenso se apoderó de Jesús.
Luego, un viento más poderoso que un huracán azotó su rostro.
Seguido de una luz cegadora.

Cuando volvió a abrir los ojos, se encontraba situado en la cumbre de la montaña más alta que se conocía en la tierra.

El aire en ella era puro y fresco.

Desde allí se podía contemplar el mundo entero.

Sus campos, sus prados.

Sus mares, sus océanos.

Sus castillos, sus palacios.

Su oro, sus tesoros.

—Tienes ante ti la mayor belleza que posee el mundo —susurró el diablo.

Y, tras cerciorarse de que Jesús había visto bien todas las riquezas de todos los reinos del mundo entero y se había dado cuenta del poder y la gloria que podría obtener de ellas, siguió hablando:

—Todo lo que ves, esos campos y prados, esos mares y océanos, esos castillos y palacios, ese oro y esos tesoros, toda esta belleza será tuya si…

Hizo una breve pausa, dejando silbar la «s» de la palabra que acababa de pronunciar:

—… ¡si te echas a mis pies y te postras ante mí!

En el rostro de Jesús se dibujó una sonrisa:

—¿Echarme a tus pies? ¿Postrarme? Solo me postraré ante Dios. Ahora quisiera volver al lugar donde me encontraste.

Entonces, por última vez, el diablo lo sumió en la oscuridad y la tiniebla.

Instantes después, Jesús volvía a estar tumbado en el hueco de la duna donde el diablo había ido a buscarlo.

El zorro lo estaba esperando, tumbado en la arena, con el hocico oculto entre las patas.

Antes de que Jesús tuviera tiempo de acostumbrarse a la luz de la luna, el diablo dio media vuelta.

Su cola recubierta de escamas dejaba huellas en la arena.

Y luego desapareció en la oscuridad y la tiniebla.

Como si nunca hubiese andado cerca.

La hora azul

Le había puesto el nombre de Pedro.
Toda la vida su nombre había sido Simón, y, de la noche a la mañana, todo había cambiado y se había convertido en Pedro.
¿Por qué Pedro? Tal vez por las piedras que recogía en la orilla antes de echar su barca al agua para salir a pescar. Eran tres piedras que se metía en el bolsillo, igual que hacían su padre y su abuelo. Tres piedras que ahora había arrojado lejos, furioso, mientras él y su hermano Andrés sacaban la barca del agua, al amanecer.

La noche anterior habían izado la vela para adentrarse en el lago. En el horizonte, el sol bañaba la orilla con sus tenues rayos. Se oía a lo lejos la algarabía de los niños y los balidos de las ovejas. Era su hora preferida, la hora en que los rociones de las olas refrescaban la piel abrasada por el calor, la hora en que la brisa vespertina te llevaba rápidamente hacia las aguas profundas. Era una hora llena de esperanzas, y a sus pies tenían las redes, que, para cuando tocara regresar, quizá estarían cargadas.
A su alrededor, el agua brillaba como los añicos de un espejo roto y, cuando desapareció el último halo de luz, el inmenso azul del lago se confundió con el añil del cielo. Era su hora preferida, la hora en que se alejaban del pueblo y de sus preocupaciones cotidianas. La que despertaba en ellos un sentimiento de felicidad y de libertad. La llamaban «la hora azul».
Al rato, había anochecido. Y en aquella hermosa noche estrellada habían echado las redes. Al principio, mientras estaban en aguas en las que faenaban los otros pescadores, no se habían preocupado. Pero al ver que se alejaban de la orilla y que sus redes seguían desesperadamente vacías, empezaron a inquietarse. Y cuando, después de faenar toda la noche, volvieron a las orillas de Cafarnaúm sin un mísero pescado, los asaltaron oscuros pensamientos. Su familia siempre había vivido de los recursos del lago y, aunque no era la primera vez que la pesca escaseaba, nunca habían vuelto a casa sin una sola captura. ¿De qué vivirían si les faltaba el pescado?

A su regreso, llevado por la rabia, Simón había tirado las tres piedras.
Y entonces Jesús había ido a buscarlas. Había salido de la penumbra, las había recogido y se había acercado a ellos:
—La primera piedra, para ahuyentar el peligro —había dicho—. La segunda, para que la pesca sea abundante. Y la tercera, para dar gracias a Dios por su misericordia.
—Y las había puesto entre las manos de Simón.
—Ahora, Pedro —había añadido—, vuelve a echar la barca al agua y vamos a pescar al centro del lago.
Y, pese al hastío y el cansancio de aquella noche, los dos hermanos, Andrés y Simón, habían echado la barca al agua, habían izado la vela y habían salido al centro del lago con aquel hombre, al que veían por primera vez.

Enseguida, el viento los llevó aguas adentro.
Y, aunque el lago había estado vacío de peces durante toda la noche, ahora había tal abundancia que bajo la superficie se divisaban bancos enteros de percas y tencas, a las que se sumaban truchas y barbos. Y a la luz del día, que ya se levantaba, sus vientres blancos y el brillo de sus escamas iluminaban las ondas del agua con una nube plateada.
En cuanto los dos hermanos echaron las redes, tuvieron que sacarlas. En un santiamén, la barca quedó tan llena que parecía que iba a volcar bajo el peso de las capturas. Por eso, cuando vieron en la costa el barco de Santiago y Juan, los hijos de Zebedeo, les hicieron señas para que se acercaran y cargaran las capturas siguientes. Luego, volvieron a pescar hasta que los dos barcos estuvieron tan repletos que, de haber capturado un solo pez más, se habrían hundido en las profundidades del lago.
Al volver, los aldeanos se aglomeraban en la orilla: no se recordaba una pesca tan abundante en Cafarnaúm.

Después de vender el producto de su pesca, asaron unos pescados al fuego y compartieron la comida.
Al principio, coartados por la presencia de Jesús, pero también porque tenían hambre, los cuatro chicos comieron en silencio. Pero después Santiago recordó la pesca

milagrosa y volvió a reinar el buen humor. Todos se pusieron a hablar al mismo tiempo. Se echaban a reír por cualquier cosa, como niños excitados, y al poco alguno de ellos volvía a hablar, otro lo interrumpía, y así sucesivamente.

Mientras comía, Jesús los escuchaba, animándolos con una sonrisa y con la intensidad de su mirada. Al final de la comida, Andrés sacó unos higos de su alforja. Y, mientras saboreaban el dulzor del fruto, volvió a imponerse el silencio.

Esta vez, fue Juan quien lo interrumpió:

—¿Es cierto que vienes de Nazaret?

—¿Es cierto que eres un curandero y que salvaste a un niño que sufría un enfermedad terrible?

—¿Es cierto lo que dicen por ahí, que Dios te ha enviado, que eres el famoso Mesías, el que todo el mundo espera?

Hacía sus preguntas una tras otra, sin dejar a Jesús tiempo para responder. Cuando por fin se calló para recuperar el aliento, Jesús se limitó a decir:

—Todo lo que te han dicho es cierto. Vengo a anunciar a los hombres una buena noticia.

—¿Una buena noticia? ¿Cuál? —quiso saber Andrés.

—La buena noticia es esta: ha llegado el tiempo en que los hombres por fin van a vivir felices, felices según la ley de Dios.

Luego, tras hacer una pausa para que los cuatro chicos asimilaran a fondo sus palabras, siguió diciendo:

—Y vosotros vendréis conmigo para anunciar la buena noticia a todos nuestros hermanos.

—¿Nuestros hermanos? Yo solo tengo un hermano, es Juan, y está aquí con nosotros —respondió Santiago, intrigado.

Jesús sonrió:

—Te equivocas, Juan. A partir de ahora, todos aquellos que escuchen la palabra de Dios serán tus hermanos. Y todos aquellos que la practiquen formarán tu nueva familia.

—Pero ¿por qué quieres que vayamos contigo? —preguntó Simón—. ¿De qué te serviría? Nosotros no somos ni curanderos ni charlatanes. Solo somos pescado-

res. Lo único que sabemos hacer es echar las redes al agua y sacarlas y conducir nuestra barca entre los vientos y las corrientes.
—No temas —respondió Jesús—. A partir de ahora, ya no buscaréis pescado, sino hombres. Y todos los hombres que pesquéis se salvarán gracias a vosotros, pues podrán escuchar el mensaje de Dios.
Volvió a hacer una pausa para dejar que los cuatro chicos pensaran en lo que acababa de decir:
—Vamos a descansar mientras el sol esté bajo en el cielo. Después, nos pondremos en camino, hermanos. Es hora de ir a anunciar la buena noticia.

Al despertar, recogieron sus cosas y tomaron la carretera que conducía a las montañas. A su espalda, la ciudad de Cafarnaúm se iba haciendo cada vez más pequeña, como las piezas de un juego de construcción.
De pronto, Simón, que caminaba a la altura de Jesús, le dijo:
—Oye, yo no me llamo Pedro. El nombre que me puso mi padre cuando abrí los ojos es Simón.
Jesús se echó a reír. Pero su risa no tenía nada de hiriente. Era la risa del adulto que se ríe ante el comentario de un niño:
—Te llamo Pedro porque la piedra es lo más sólido que existe. Se utiliza para construir las casas y, más adelante, tú también construirás una casa con piedras: en esa casa se anunciará la buena noticia que ahora vamos a predicar.
Pedro siguió caminando junto a Jesús un rato y luego, como el camino se hizo más estrecho, se colocó detrás de él.
Revoloteaban en el aire unos grandes abejorros. De vez en cuando, alguno de ellos se enredaba entre los cabellos o las barbas de los hombres y zumbaba.
A lo lejos, el sol iniciaba de nuevo su carrera detrás del lago.
Abajo, se oían los balidos de las ovejas y el grito de los pastores que reunían los rebaños antes del anochecer.
Era la hora azul.
Era la hora azul, y todos caminaban, guiados por sus sueños y por un sentimiento de esperanza y libertad.

La boda

La boda se celebraba en una casa construida alrededor de un jardín que no se veía desde el exterior. En sus paredes encaladas había muy pocas ventanas, y parecía más bien pequeña, tanto que uno se preguntaba dónde cabrían todas las personas que, desde esa mañana, no paraban de llegar.
Estaban los sirvientes, cargados con tinajas llenas de agua y vino y enormes platos.
Estaban los cocineros, que sujetaban en cada mano hasta cinco pollos desplumados.
Estaban los carniceros, que llevaban carcasas envueltas en gruesos paños, y otros que cargaban corderos a modo de fardo.
Estaban el panadero y sus aprendices, que rebozaban hogazas tan grandes como las ruedas de un carro.
Estaban los pasteleros, que sostenían enormes bandejas de pasteles de higos, miel y pistachos.
Estaban los portadores de té, con sus sacos de especias y menta.
Estaban las familias de los novios, que trajinaban por toda la vivienda.
Estaba la futura esposa, en una habitación apartada.
Estaban sus hermanas, que la rodeaban y mientras la menor, pausadamente, la peinaba, la mayor la cubría con una larga túnica bordada.
En los pasillos, abarrotados de gentes que no paraban de llegar por oleadas, estaban los invitados, que alzaban la voz para hacerse oír en la algarada.
Estaban también los músicos, que afinaban los instrumentos para ponerse a tocar en cuanto empezara la ceremonia. Uno de ellos soplaba un flautín, otro tocaba el tambor y el último pulsaba un laúd con parsimonia.
Estaba el padre del novio que, con el rostro colorado y sin parar de sudar, organizaba la fiesta en su hogar.

Estaban los amigos, vecinos, parientes lejanos, que recién llegados, se agolpaban con los brazos cargados de regalos.
Estaba María.
Y su hijo Jesús, que había ido con ella al casamiento.
Y lo acompañaba Simón, al que ahora todo el mundo llamaba Pedro.
Estaba también Andrés.
Y Juan.
Y Santiago.
Y Felipe, que se había unido a ellos.
Y también Bartolomé.
Y Tomás.
Y Mateo, un rico cobrador de impuestos que lo había dejado todo para unirse al resto.

Luego, dio comienzo la ceremonia y los músicos tocaban.
En las avenidas del jardín, estaban los notables de la aldea, que chistaban cuando los otros invitados los empujaban.
Estaba el loco del pueblo, que se acercaba a todos aquellos que normalmente lo evitaban.
Estaban el sol, blanco y luminoso, y los tejidos de las túnicas, que fulguraban.
Estaban los gatos, recelosos, a un tiempo atraídos por el olor de los asados y asustados por todos esos pies que podrían pisotearlos.
Estaban las lagartijas que, molestas por aquella inusual animación, se colaban por las grietas de las paredes.
Estaban todos aquellos convidados que se reunían ese día en Caná para celebrar la boda entre la hija de un pergaminero y el hijo de un mercader.

En medio del jardín, estaban los árboles, que daban una sombra fresca y suave a la vez.

Y, en el suelo, estaban los millones de flores que los criados habían esparcido para alegrar la vista de los invitados y glorificar a los recién casados.

Y estaba la novia, que había llegado descalza y con el pelo trenzado, pisando las rosas y los jazmines, las lilas y las acacias, las anémonas, los amarantos y las magnolias, todas esas flores recién eclosionadas que esparcían en el aire un perfume embriagador.

Estaban las mujeres, que se habían puesto a cantar.

Estaban los niños, subidos a las ramas de los árboles para observar.

Y estaban todos los invitados, que se habían sentado para que pudiera dar comienzo el banquete nupcial.

Estaban los criados, que habían traído una infinidad de platos que los invitados se comían porque tenían hambre y por disfrutar de la compañía.

Estaban los pescados, con sus hierbas cítricas y su carne irisada.

Estaban las carnes asadas y las verduras marinadas.

Estaban el queso fresco y el pan blanco.

Estaban la miel aromatizada y los higos caramelizados.

Estaba el vino de sed que los criados servían en abundancia, pues el calor del día y la desbordante charla resecaban la garganta.

Y en medio del convite, cuando ya reinaba el buen humor, en las cocinas estaban los criados, que se querellaban, y el padre del novio, que se desesperaba porque acababa de darse cuenta de que ya no quedaba una sola gota de ese vino ligero en las tinajas.

Estaban los criados, que se culpaban unos a otros de aquella desgracia.

Estaba el comerciante, que se lamentaba porque sabía la vergüenza que caería sobre su hijo y su familia, sobre una boda marcada con el sello de la avaricia.

Estaba María, que había observado a los criados y su agitación, y el nerviosismo de su anfitrión. Y también que el vino que se servía era cada vez más claro y apenas tenía sabor.

Y se inclinó al oído de su hijo para susurrarle unas palabras.

Algo más allá, estaba la novia, rodeada de flores de todos los colores.

A su lado, estaba el hombre que ahora era su marido, ese joven con el rostro recubierto de un vello fino. Y esos dos enamorados se estrechaban, sorprendidos de ser el centro de todas las miradas. Y, cuando sus cuerpos entraban en contacto, reían enseñando sus dientes blancos.

Frente a ellos, estaba Jesús, que sabía la desgracia que los marcaría si la boda se estropeaba y que se levantó para ir junto a los criados en las cocinas. Y que simplemente había ordenado que llenaran las tinajas vacías con el agua fresca y clara que manaba en el fondo del pozo. Y, perplejos, obedecieron y, cuando volvieron al banquete con sus tinajas y, temblorosos, se pusieron a servir, vieron que de ellas salía un vino de rubí.

Y enseguida los invitados felicitaron al comerciante por aquel néctar delicioso.

Alzaron sus copas para desear a los novios felicidad y prosperidad.

Y al terminar el día, cuando los primeros invitados empezaban a marcharse, estaba el comerciante, que buscaba por todas partes a Jesús, para decirle que le estaba muy agradecido.

Pero, tras aquel primer prodigio, Jesús se había ido.

Y, si el comerciante hubiera insistido, habría visto que salía de la ciudad acompañado de sus amigos.

Habría visto que se iba por los caminos de Galilea.

Por esos caminos en los que comenzaba una historia nueva.

Las maravillas

Lo oyeron durante un buen rato antes de verlo llegar.
Al principio, casi no se oía y nadie se dignó mirar.
Un sonido minúsculo, apenas un murmullo.
Una mariposa que sale del capullo.
Un saltamontes frotándose las alas.
Una araña desplegando las patas.
Y luego, como cada vez se hacía más fuerte aquel sonido, esta vez, todos aguzaron el oído.
El mástil de un falucho doblegado por el viento.
El crujido de un carro con demasiado cargamento.
Y cuando el ruido se oía más cercano
—el rebuzno de un asno,
unos grajos que graznan mientras sobrevuelan un campo—
y se convirtió en un estridor, todos miraron hacia el camino que había tras la colina, y aunque sabían de antemano el espectáculo que se avecinaba, no podían apartar la mirada.
Cuando el sonido llegó junto a ellos, ya no lo ahogaba ningún impedimento y se oía muy intenso.
Como una risa burlona o un lamento.
Al mismo tiempo.

El hombre caminaba cojeando. En una mano, llevaba un bastón que usaba para apoyarse y, en la otra, la carraca que agitaba para avisar de su llegada. Ocultaba el rostro con una tela sucia y harapienta, llevaba un sombrero de ala ancha y ropa harapienta que a duras penas ocultaba su cuerpo magullado.
En cuanto vio a Jesús rodeado de sus amigos, se detuvo en el montículo:
—¡Leproso! —gritó con su voz ronca—. ¡Leproso!
Y se puso a girar la carraca como loco.
Juan y Santiago con cara de asco, tiraron a Jesús de la manga:

—Vámonos. Hay que dejar que pase.

Pero, mientras que Pedro, Tomás y los otros ya se habían apartado, Jesús seguía en medio del camino, como si ignorara la ley que prohibía a los leprosos acercarse a las personas que no sufrían esa enfermedad.

—¡Leproso, leproso! —volvió a gritar el hombre girando la carraca.

Sin embargo, por más que agitaba el objeto con todas sus fuerzas, Jesús no se apartó. Al revés, ante la mirada atónita de sus amigos, y pese al riesgo de contagio, se acercó al enfermo y se plantó delante de él.

El hombre tenía las manos carcomidas por la enfermedad. La andrajosa túnica dejaba ver partes de su cuerpo, del que se desprendían trozos enteros de piel. Se distinguían zonas en carne viva, como la de un desollado.

El enfermo, poco acostumbrado a que se le arrimaran tanto, empezó a temblar. Había dejado de agitar la carraca y se limitaba a balbucear la palabra que normalmente ahuyentaba a quienes se cruzaban en su camino: «leproso».

Jesús, sin hacer caso de la advertencia, permaneció frente a él, y, antes de que pudieran impedírselo, Juan, Santiago y todos los demás vieron cómo levantaba el mugriento velo que recubría lo que quedaba de la cara del enfermo. Tenía la boca deforme; los párpados eran casi inexistentes y la nariz había desaparecido casi por completo. Ante aquella visión, varios de ellos dieron un paso atrás, y Pedro tuvo que sujetar a Mateo, que estuvo a punto de desmayarse.

Jesús espantó de un gesto las moscas que revoloteaban alrededor del hombre. Luego, acercó sus manos al leproso y le acarició el rostro. Lentamente, deslizó por él las palmas de las manos, y los dedos actuaron como un bálsamo sobre la piel desgarrada del enfermo.

—Ahora estás puro —anunció cuando hubo terminado—. Puro como un recién nacido.

El hombre se quedó quieto un instante, sin decir una palabra, sin inmutarse.

A su alrededor, no se oía un solo ruido.

Ni siquiera una piedra que un pie hubiera golpeado.

Ni el roce de una hierba en la que el viento hubiera soplado.

Ni las alas que una mariposa hubiera desplegado.

Cuando se quitó el sombrero y cayó el velo, quienes presenciaron la escena dejaron escapar un grito de estupor. Con los dedos aún cubiertos de vendajes, el hombre se arrancó trozos enteros de piel enferma, bajo la cual todos descubrieron un rostro bello y liso. La nariz había recuperado su forma natural, sus labios dibujaban una curva dulce y nítida, y sus párpados se cerraban sobre unos ojos bañados en lágrimas.
—Mis manos… Mi nariz… —Cayó postrado delante de Jesús—. ¡Gracias, gracias! —repetía con gran emoción mientras se palpaba el cuerpo, del que había desaparecido todo vestigio de la enfermedad.
Diez veces, cien veces, incluso mil veces, le dio las gracias.
Bartolomé le llevó agua para que pudiera lavarse.
Mateo le ofreció una nueva túnica.
Y los otros hicieron acopio del pan que les quedaba.
Durante la comida, el hombre se pasó varias veces las manos por el rostro. No se cansaba de acariciarse los brazos y las piernas, y contemplaba sus dedos como si los descubriera por primera vez. Luego, se echó a reír, reía a carcajadas, reía por cualquier cosa, y todo el mundo compartía su alegría.
Cuando llegó el momento de despedirse, abrazó a Jesús varias veces.
Y a Juan, Pedro y todos los demás.
Luego, con una sonrisa en los labios y los ojos inundados de lágrimas, dio media vuelta y se fue a anunciar la maravilla.

El sombrero y la carraca se quedaron tirados en el camino varios días.
Se los llevaron el viento y la lluvia.

Transcurrieron varias semanas, durante las cuales Jesús obró una gran cantidad de maravillas.
En Cafarnaúm, quitó la fiebre a un niño.
Curó a una anciana que padecía una enfermedad incurable.
Expulsó a un demonio que se había refugiado en el cuerpo de un hombre.
Sanó a un paralítico, que pudo volver a andar.

De la ciudad llegaban miles de enfermos y curiosos atraídos por aquellos prodigios. Circulaban sobre él los rumores más increíbles. Se decía que Jesús era un mago. O un brujo. O el liberador que expulsaría a los romanos que ocupaban la tierra prometida. O el Mesías encargado de transmitir la palabra de Dios. O todas esas cosas al mismo tiempo. Todo el mundo quería acercarse a él, para curarse, para comprobar que lo que se decía de él era verdad o por simple curiosidad.
Las autoridades veían con malos ojos todo aquel desorden. A muchos religiosos, por ejemplo, a los fariseos, les incomodaba lo que oían. Se preguntaban quién era ese hombre que afirmaba ser el Mesías y qué secretos ocultaba, qué magia utilizaba para obrar sus prodigios. Cuando se enteraron de que, además, había curado a un hombre durante el día reservado a la oración, decretaron que era un usurpador. Y al final lo condenaron.

—¿Por qué no esperaste unos días para curar a ese hombre? Hacía varios años que tenía la mano paralizada y no podía utilizarla —preguntó Juan.
Al igual que el resto de sus compañeros, Juan estaba preocupado. Temía a los fariseos y sabía que, con su poder, podían ordenar que apresaran a Jesús.
—¿Quieres decir que tendría que haber esperado un día más para curarlo? ¿Arriesgarme a no volver a verlo nunca y dejar que sufriera hasta el final de sus días? ¿Es eso lo que piensas, Juan?
—No es lo que quería decir. Pero tú sabes que al curar a ese hombre has ofendido a los fariseos. Según ellos, al curar a ese hombre en el día reservado a la oración infringiste la ley.
—Te voy a contar una cosa —empezó a decir Jesús, y luego hizo una pausa para que los demás se acercaran.
Allí estaban Juan, Pedro, Santiago y Andrés, por supuesto, y también Felipe, Bartolomé, Tomás y Mateo. Pero también estaban Tadeo, y el otro Santiago (Santiago el grande), Simón el zelote y Judas Iscariote. Como todos los demás, habían dejado atrás sus vidas para unirse a él, y ahora los doce lo acompañaban, los doce eran sus hombres de confianza, seguían sus enseñanzas y descubrían la nueva ley que les transmitía Dios.
Para huir del calor, se habían sentado en el porche de una casa. Habían extendido unas esteras y se habían recostado en ellas. Habían encendido varias lámparas de

aceite y, de vez en cuando, en la noche, se oía el crepitar de un mosquito al que se le chamuscaban las alas.

—¿Creéis que el pastor que posee una sola oveja debe abandonarla porque se ha caído a un foso el día reservado a la oración? ¿Debe dejar que la devoren y quedarse sin su leche solo porque los fariseos así lo han dispuesto?

—De ningún modo —respondió Juan—, pues perdería su única riqueza.

Los otros asintieron con la cabeza.

Jesús siguió hablando:

—Entonces, según vosotros y según los fariseos, ¿hay que hacer más caso a una oveja que a un hombre? ¿Acaso no vale un hombre más que mil ovejas? ¿No fue con el Hombre con quien Dios celebró una alianza? ¿Con sus antepasados Abraham y Moisés?

Y, como nadie respondía, siguió diciendo:

—Yo no acataré una ley que prohíba hacer el bien el día reservado a la oración. Una ley que prohíba aliviar el dolor del que sufre. No acataré la ley de los hombres. Para mí solo importa la ley de Dios.

Pasaron gran parte de la noche debatiendo. Y más tarde, mientras las estrellas seguían su trayectoria en el cielo, se durmieron.

Jesús se quedó un buen rato sin conciliar el sueño.

Pensaba en la inmensidad de lo que le quedaba por realizar.

En todo el dolor que habría querido aliviar.

En todo lo que debía enseñar a sus amigos si quería que pudieran transmitir la palabra de Dios cuando él ya no estuviera, el día que muriera.

Y sabía que ese día estaba cerca.

Entonces, como no conseguía dormir, pensó en los milagros que lograba. Volvía a recordar el preciso instante en el que, imponiendo las manos a un pobre desgraciado, acorralaba la enfermedad que lo atormentaba. El instante en el que encontraba los profundos recovecos en los que se ocultaba. Con un movimiento ágil, como si hubiera atrapado una mosca al vuelo, la expulsaba. Y, al terminar, durante un breve instante, un intenso calor lo asaltaba.

Por fin, con el recuerdo de esa inmensa felicidad, Jesús se quedó dormido.

Mañana volvería a empezar.

DAMAS
Tarse
Lystres
Apasa
Neapolis
Thessalonique
Pozzuoli
Vapincum
Montebelgardi
Argentoratum

*marionnett

BAILE
Lieder

WUNDERBAR

MARAVIGLIOSI

artistiques

ORTAL
Ballett

VIA DI SALEM
CAPHARNAUM

Nasereth
Ein Kerem
Cana
Bethsaïde
Tiberiade
Kinneret
Naïn
Capharnaüm
Kerazeh
Sebaste

La danza

Entre el tumulto que se arremolinaba en torno a Jesús en Cafarnaúm había toda clase de personas: hombres y mujeres convencidos de que era el enviado de Dios, inválidos y enfermos que esperaban una curación, y una marabunta atraída por la multitud igual que los mosquitos se sienten atraídos por la luz de las antorchas: mendigos, echadores de buenaventura, vendedores de amuletos, domadores de animales exóticos, malabaristas y saltimbanquis, pero también aprovechados de todas clases, ladrones, pícaros y rateros que no paraban de llegar.

Aquel día, acaparaba la plaza un domador de osos que cosechaba un gran éxito exhibiendo al animal atado a una cadena. Jesús, acompañado de Pedro y Mateo, se dirigía a la casa de un notable cuya hija sufría una grave enfermedad. Mientras se abrían paso entre la muchedumbre, se detuvieron al oír los gritos de un saltimbanqui. Algo más apartado, un enano subido a los hombros de un acólito arengaba al público:

—Acercaos, acercaos, escuchad la historia que he de contaros.
¡Descubrid la trágica suerte que Herodes tiene prevista para Juan el Bautista!

El enano se levantó con una ágil pirueta, dio dos saltos mortales hacia atrás en el aire y aterrizó en el suelo. Seguidamente, entre volteretas y cabriolas, llegó a la entrada de una carpa de lona y desde allí prosiguió su reclamo:

—Acercaos, acercaos, galileos y galileas,
sacad de vuestros bolsillos unas monedas.
Entrad y llenad la pista.
¡Escuchad la cruel historia de Juan el Bautista!

Pedro y Mateo se dieron la vuelta para proseguir su camino, pero Jesús los detuvo:
—Vamos a quedarnos, amigos. Hace mucho tiempo que no sé nada de mi primo Juan.
—¡Pero si esos bufones no cuentan más que pamplinas! —exclamó Pedro, sorprendido por el interés que demostraba Jesús por unos simples saltimbanquis.
—¿Acaso sabes tú dónde reside la verdad? ¿Crees que conoces todos los caminos que toma Dios para hablar con nosotros? —respondió Jesús.
Mateo sacó su bolsa, contó tres monedas con las que pagó la entrada y pudieron acceder a la carpa. En la penumbra, se sentaron en unos estrechos bancos. Cuando todos los sitios quedaron ocupados, se encendieron unas antorchas, se oyeron tres golpes y el público aguardó en silencio. A la luz vacilante de las llamas, descubrieron una miniatura del palacio del rey Herodes y, cuando comenzó la historia, los asistentes reconocieron la voz del enano, aunque no lo veían:

—Herodes, en su palacio, se aburría, se aburría…
Tanto era así que de esposa decidió que cambiaría.

Unas manos invisibles manejaban unas marionetas atadas a unos hilos. Las figuritas medían cerca de medio codo y estaban fabricadas con una amalgama de materiales. Sin embargo, en ellas se reconocía perfectamente al rey Herodes y a su consorte, a la que el monarca acababa de repudiar:

—¿Por qué iba a quedarme con esta mujer, que se ha puesto tan fea?
¿Soy o no soy el rey de Galilea?
Venga, voy a cambiar de esposa, me desharé de esta cosa.

Entre las risas y los abucheos del público, la mujer desapareció por una trampilla:

—¿A quién podría yo amar sin hartarme?
¿Quién alegrará mis largas tardes?
¿Y si me casara con Herodías, mi sobrina?
Dicen que es una pícara ladina.

El enano, que a cada personaje le ponía una voz diferente, prosiguió su relato:

—Pero claro, todo el mundo en el reino sabía
que, por ley, ningún hombre podía

casarse con su hermana, su sobrina o su tía.
Estaba prohibido aunque uno pagara un alto precio,
aunque ofreciera todo su oro y hasta el último sestercio.
Pero ¿quién iba a enfrentarse a Herodes? ¡Si no hay quien le ladre!
No se atrevería nadie, ni siquiera su padre o su madre,
pues el rey pisoteaba con violencia
a quien le oponía la más mínima resistencia.
O sea, ¿nadie nadie? ¿No había en el reino un valeroso
que denunciara aquel matrimonio escandaloso?
Nadie…, salvo Juan el Bautista, ese sí.
Es el que va anunciando la llegada de Cristo por ahí.

Entonces, apareció un nuevo personaje que, como el verdadero Juan, llevaba una barba muy larga que le llegaba hasta el suelo e iba vestido con una piel de camello. Se plantó delante de Herodes con pose orgullosa:

—¿Crees que por ser el monarca
puedes hacer lo que te plazca
y desposar a tu sobrina? ¡Heresiarca!
¿Es que no has pensado en Dios?
¿No dijo acaso el Señor lo que estaba permitido y lo que no?

El público, que odiaba a Herodes, aplaudió esas palabras con entusiasmo. Y, cuando la marioneta de Herodes respondió a Juan, algunos abuchearon sus palabras:

—¿Cómo te atreves, desgraciado,
a enfrentarte a mí con tanto descaro?
No me gusta esa actitud ufana. Hago lo que me da la gana.
¡Meted en la mazmorra a este impertinente!
Encadenadlo, a pan y agua, ¡que escarmiente!

Cuando los soldados prendieron a Juan el Bautista, el público que rodeaba a Jesús silbaba enfurecido. Algunos incluso lanzaban semillas de girasol mientras se cerraba el telón.
Instantes después, cuando volvió a abrirse, el decorado era distinto. Herodes y Herodías estaban recostados, disfrutando de un banquete:

Herodías:
—Mi querido y dulce esposo, qué tranquilidad, qué reposo
desde que ordenaste que encerraran a ese andrajoso.
Te lo agradezco y, por eso, te voy a plantar un beso.

Herodes:
—Ah, querida, sensualidad mía,
estoy preocupado en mi fuero interno.
¿Y si resulta que a ese hombre es Dios quien lo envía
y, cuando me muera, voy derecho al infierno?

Herodías:
—¡Hombres! ¡Mira que podéis ser mentecatos!
Anda, para que te animes un rato,
te he preparado una función maravillosa y única.
Un, dos, tres, ¡que suene la música!

Una melodía resonó en toda la sala. Luego, a ritmo de tambor, apareció una bailarina. Todos sus movimientos marcaban el compás a la perfección, y, mientras se contoneaba, cada vez con más gracia, el público aplaudía para acompañarla. Cuando terminó la danza, el auditorio rompió en aplausos. La bailarina, aún sin aliento, se acercó a saludar al rey Herodes, que se mostró especialmente entusiasta:

—¡Oh, qué frescura, que gracilidad!
¡Oh, qué magia, qué felicidad!
Salomé, eres, querida mía,
digna de tu madre, Herodías.
¿Sabes que tu danza me ha puesto muy contento?
Quiero hacerte un regalo en agradecimiento.
¿Qué deseas: alhajas, joyas, oro?
¿La mitad de mi reino? ¿Un tesoro?
Una palabra tuya y, de buena gana,
te haré rica de la noche a la mañana.

Mientras Salomé se acercaba a su madre para pedirle consejo y elegir un regalo, el silencio bajo la carpa era sepulcral. Por fin, Salomé volvió junto a Herodes:

—¡Oh, rey de Galilea, es incomparable tu esplendor!
Me haces un inmenso honor.
Entonces, ¿puedo elegir entre tus riquezas,
yo, una simple bailarina que no pertenece a la realeza?
Como no quiero disminuir ni un ápice tu poder,
voy a pedirte un regalo fácil de conceder.
En tus mazmorras hay encerrado un mendigo,
y ese hombre merece un severo castigo.
Quiso impedir que te casaras con mi madre, ¡qué bajeza!
¡Exijo que le corten inmediatamente la cabeza!

Al oír esas palabras, toda la asistencia se levantó profiriendo gritos de horror. ¿Cómo podía exigir algo tan abominable? Juan el Bautista solo había dicho la verdad.
En un silencio absoluto, el espectáculo continuó. Salomé se había sentado junto a su madre, que aguardaba la ejecución que vengaría su orgullo. Pero, cuando un sirviente trajo en una bandeja la cabeza barbuda del pobre Juan, el espectáculo no pudo continuar.
Los espectadores, indignados por tanta injusticia, se habían puesto en pie y, desde sus bancos, gritaban y arrojaban todo lo que tenían a mano. Su furia era tal que, antes de que todo quedara destruido, el enano y su tropa tuvieron que recoger las marionetas y los decorados.
Perseguidos por la muchedumbre, cargaron una mula a toda prisa y salieron escopetados, bajo una lluvia de improperios y de piedras que les arrojaban los niños. Incluso Pedro y Mateo se habían unido al tumulto enfurecido.
Tras la huida, la carpa quedó abandonada y parecía que estuviera a punto de derrumbarse. La lona aparecía hecha jirones y las estacas de olivo que la sujetaban se habían partido.
Se había quedado vacía, y en el interior solo estaba Jesús.
Seguía allí sentado, quieto y con el rostro entre las manos.
De lejos, parecía que estuviera rezando o pensando.
Pero estaba llorando.
Lloraba la muerte de su primo.
Y nada habría podido impedirlo.

Juan escribe

«Máscara de aflicción,
ojos amargos,
pena inmensa,
pozo de dolor,
tristeza»,
dibujó Juan en la arena y en el polvo.
Con el dedo o con una rama, trazaba en el suelo las palabras que describían el abatimiento de Jesús tras la muerte de su primo. Formaba las letras con detenimiento, pero los visitantes pisotearon el camino y borraron lo que había escrito.
Durante los días que siguieron, Juan, con un palo mojado, escribió sobre los muros encalados de las casas:
«En la boca y en los oídos del sordo, del mudo pone sus dedos, y el sordo, el mudo oyen y hablan de nuevo;
cura a la hija de Jairo, de doce años, a la que todo el mundo creía muerta y que de nuevo se levanta sonriente y bella;
en los ojos de los ciegos pone sus dedos, y vuelven a ver los ciegos;
levanta al hombre que ya no se tiene en pie, y el hombre camina otra vez».
Pero una noche estalló una tormenta, y el aguacero que caía por las paredes borró cada palabra que Juan había escrito en la cal.

Una mujer llamada María Magdalena se había presentado en varias ocasiones en la puerta de la vivienda en la que el grupo había encontrado hospitalidad. Lucía un maquillaje y un perfume muy recargados, y su largo cabello, que barría el suelo, cubría su desnudez más que los escasos velos que llevaba.

Su hermano Lázaro estaba muy enfermo, y ella esperaba que Jesús lo salvara. Cada vez que se presentaba allí la echaban, pero ella siempre volvía. Cuando por fin logró entrar, Juan escribió en unas hojas de higuera:

«Cabello de fuego,

piel de alabastro,

azul Egipto y verde malaquita,

ojos pintados,

kohl en las pestañas,

carmesí en los labios».

Al caminar, tintineaban sus ajorcas, y, cuando saludó, su cabello se hizo a un lado y dejó entrever sus piernas por un instante:

«Mármol blanco,

una paloma,

venas azules

como riachuelos,

pecas rojas,

color de miel».

Luego, mientras la joven se inclinaba ante Jesús y se agachaba hasta tocarle los pies, Juan escribía:

«Moja los pies con sus lágrimas,

los seca con el pelo,

los unge con caro perfume,

los llena de besos».

Jesús la obligó a levantarse y le prometió que salvaría a su hermano Lázaro.

María Magdalena, con un movimiento de cabeza, apartó su larga melena. Una sonrisa iluminó su rostro. Jesús también sonreía. Los negros nubarrones habían desaparecido. La tristeza había salido de su corazón.

Antes de acostarse, Juan reunió las hojas de higuera y colocó una piedra encima del montón, para que no se volara. Pero al día siguiente el viento sopló tan fuerte que una potente ráfaga desplazó la piedra y dispersó las hojas por los caminos y los atajos, por las llanuras y los prados, hacia los montes y los barrancos.

Cuando Jesús decidió dirigir unas palabras al millar de personas que habían llegado a Cafarnaúm y subió hasta la cima que dominaba la ciudad para hablar desde allí, Juan no llevó ni una vara, ni hojas de higuera. Pero con un martillo y un buril grabó las palabras de Jesús en una roca que había en la ladera de la montaña:
«Dichosos los pobres, porque de ellos será el reino de Dios;
dichosos los afligidos, porque serán consolados;
dichosos los que tienen sed de justicia, porque serán saciados».
A medida que las palabras de Jesús llegaban a sus oídos, Juan golpeaba la roca, que soltaba añicos hacia todos lados:
«Vosotros sois la sal de la tierra
la luz del mundo».
Las palabras fluían al ritmo de los golpes de buril. Cuando Jesús enseñó a la multitud la oración que cada persona debía dirigir a Dios, Juan se detuvo un instante para secarse el sudor que le caía por la frente. Se apoyó en el bloque de piedra para escuchar las palabras de Jesús, y la roca, mal anclada en la pendiente y desequilibrada por su peso, empezó a moverse. Primero, solo se notó un ligero temblor, pero después se desprendió de su base un poco de tierra, y la roca cedió, rodó sobre sí misma y empezó a caer por la pendiente cada vez a más velocidad. Estuvo a punto de arrollar a varias personas, que pudieron apartarse en el último segundo, y siguió rodando a lo loco y rebotando por la ladera de la montaña. Juan, todavía empapado de sudor, observó la carrera hasta el final, hasta que la roca dio un último rebote y cayó al lago, llevándose consigo las palabras que Juan había grabado en ella y dejando tras de sí una estela de espuma blanca.

Cuando Jesús terminó de hablar a la multitud, se volvió hacia sus amigos y preguntó si había comida para alimentar a todos los que habían acudido a su encuentro:
—Hay por lo menos cinco mil hombres —respondió Tomás—, y solo tenemos cinco panes. Con las migajas daremos de comer, como máximo, a quince personas, ¡y eso si no tienen mucha hambre!
—También hay dos peces —añadió Pedro.
Tomás se encogió de hombros:
—Hay para unas veinte personas.

—Esa gente ha venido de lejos para escucharme. La mayoría ha hecho su viaje con las manos vacías —replicó Jesús con fastidio.
Tras reflexionar unos segundos, tomó una decisión:
—Pedro, Tomás, Simón, Judas, Andrés, Tadeo, echad los cinco panes y los dos peces en unos cestos y repartidlos.
Alzó la mano para acallar las protestas.
—Los dos Santiagos, Bartolomé, Mateo, Felipe y Juan, coged cestos también vosotros y reunid las migajas, las escamas y las espinas que caigan al suelo.
«Se cumplió otra maravilla;
en lugar de migas y espinas, sacamos panes y peces de las cestillas,
y nosotros, sus doce amigos, distribuimos panes y peces
a las miles de personas que ven, con creces,
saciada su hambre, y todavía quedan panes y peces para otras veces,
cinco panes y dos peces».
Esta vez, Juan escribió su relato en una piel curtida de oveja que le había regalado un comerciante. Trazó cada letra a conciencia, usando tinta de Alejandría.

Cuando anocheció, Jesús se despidió de sus amigos y se retiró a orar a la montaña. Mientras Pedro, Santiago y los demás se dirigían hacia el lago para pasar la noche en sus embarcaciones, Juan terminaba de escribir. No quería quedarse rezagado, por lo que, al tiempo que caminaba, sopló en la tinta para que se secara más rápido. Luego, enrolló la piel, la ató con un junco y se la guardó entre la túnica y el cinturón. Y, mientras corría para alcanzar a sus amigos, que avanzaban a paso ligero, ni siquiera se percató de que el rollo, que estaba mal sujeto, se cayó sobre el talud herboso. Solo cuando subió a bordo del barco se dio cuenta de que lo había perdido.
Ya habían desplegado las velas y levado el ancla, y la embarcación navegaba hacia el horizonte.
Entonces, cogió un cuchillo que servía para reparar las redes y, sobre el casco de la barca, grabó una sola palabra:
«pánfilo».

Sobre el agua

A nada. No se parecía absolutamente a nada de lo que conocía.
Desde que era pequeño había pisado muchos terrenos. El empedrado de las carreteras y las hierbas altas de las praderas. Los guijarros afilados de los caminos y el heno húmedo de los establos. En la montaña, había escalado sobre la roca dura y resbaladiza. Había patinado por el musgo verde y suave del sotobosque. Había derrapado en puentes de barcos, se había escurrido en el barro y la arcilla de los campos. Había sentido el ardor de la llama, el de la arena a mediodía y el del hielo en invierno. Había probado el frescor de las uvas que se prensan para hacer vino. El perfume de los aceites con el que se ungen los pies. El alivio del bálsamo que cura las llagas. El molesto picotazo del mosquito y el más punzante de la abeja asustada. La comezón de la ortiga, el frescor del río y del torrente, las caricias de su madre cuando era un niño, las manos firmes de su padre al ceñirle las sandalias. La aspereza de la lana, la suavidad de un gato que se frota contra las pantorrillas o la mordedura de un perro vagabundo. El acaloramiento de una larga caminata. El alivio que propician las abluciones, el sosiego que brinda el descanso.
Había conocido todo aquello y sabía que todavía le quedaban muchas cosas por descubrir. Pero también sabía que lo peor estaba por llegar. La magulladura de los golpes, el azote del látigo, el metal que se clava en la piel. Sin embargo, en ese preciso instante, se olvidó del miedo. Olvidó el odio de los fariseos, que lo consideraban un enemigo. El de Herodes. Y el de los romanos, que veían en él un peligroso revolucionario.
De todo se olvidó.

Se encontraba en el lago. El frescor de la noche penetraba a través de su túnica.
Una brisa le revolvía el cabello.
La luna iluminaba el agua, y, bajo sus pies, distinguió las siluetas blancas de los peces, los destellos de la mica sobre la roca y los pausados movimientos de las algas.

Al principio apenas se atrevía a caminar. Pero luego fue alargando las zancadas, y ahora patinaba con la alegría de un niño que acaba de aprender a andar. Aceleraba, frenaba, zigzagueaba de un lado a otro. Ora molestaba a un lucio, ora perseguía una araña de agua, ora saltaba del reflejo de una estrella a otro, como si siguiera una ruta dibujada por el cielo.

Empezó a dar gritos de alegría, y los sonidos rebotaron en la superficie del lago. Luego, se puso a cantar, y su voz resonó a varias leguas de distancia. Echó a correr, a patinar, a derrapar, a dejarse caer, y el agua amortiguaba sus caídas. Estaba exhausto, pero no podía parar y, no bien se detenía, ya salía corriendo en otra dirección. Era una sensación increíble, extraordinaria, y era consciente de que solo él la conocía.

Era el único hombre que caminaba sobre el agua.

El único y el primero.

El único y el postrero.

El único en el mundo entero.

Tras dar varias vueltas al lago, divisó la embarcación de sus amigos. Como las velas estaban arriadas y ya no quedaba ningún farol encendido, pensó que estarían durmiendo. Pero, cuando se acercó, oyó el rumor de las oraciones e imploraciones destinadas a ahuyentar a los fantasmas. Cuando se encontró a escasos codos de distancia, les hizo una señal para tranquilizarlos, pero su gesto tuvo el efecto contrario, y el pánico cundió en el barco: se oyeron gritos, y varios de los tripulantes corrían a empujones para salir del puente. Los que se quedaron en el sitio no lo hicieron por valor, sino porque estaban atenazados por el miedo.

—Tranquilos, soy yo —anunció Jesús.

—Y yo que digo que eres un fantasma —respondió Pedro con voz temblorosa.

—Un espectro, eres un espectro —insistió Andrés.

—Sí, vienes de las profundidades para llevarnos al reino de los muertos —añadió Pedro—. ¡Vete, fantasma!

—Pero bueno, ¿es que no me reconocéis? Soy yo, Jesús. Esperad, voy a acercarme para que me veáis.

En el barco, el miedo volvió a atenazarlos a todos. Los más rápidos saltaron a la bodega, los otros se ocultaron detrás de las redes, y Felipe, que no sabía dónde meterse, trepó a lo alto del mástil.

Jesús esperó a que sus amigos se serenaran y llamó a Pedro:

—Pedro, ¿cómo es posible que no me reconozcas? Acuérdate, yo te puse tu nombre. Antes todos te llamaban Simón.

Aquellas palabras surtieron efecto, y Jesús vio varias cabezas que asomaban por la borda del barco.

Siguió hablando, recordándoles los momentos que habían vivido juntos, y, al cabo de unos instantes, Pedro respondió al fin:

—Es verdad, tú me pusiste mi nombre. Y sé que eres capaz de este prodigio —dijo, señalando el lago—. Pero los demonios que surgen de las profundidades del agua son capaces de prodigios similares. ¿Cómo sé que no eres un demonio que ha adoptado el aspecto de nuestro amigo Jesús para engañarnos?

Los otros, a sus espaldas, le dieron la razón.

Al poco, Pedro volvió a tomar la palabra:

—Si eres Jesús —dijo mirando la superficie oscura y brillante que tenía ante sí—, si eres Jesús, haz que pueda llegar a tu lado caminando.

—¿Quieres caminar sobre el agua? Entonces, ven —respondió Jesús tendiendo los brazos.

Aunque sus amigos intentaron disuadirlo, Pedro pasó por la borda y se quedó un momento suspendido, sin atreverse a pisar el agua.

Mientras hablaban, se levantó el viento, el cielo se cubrió con unos oscuros nubarrones y las olas empezaron a chapotear. La oscuridad del agua ya no tenía nada de atractivo, y, cuando por fin Pedro se soltó, tuvo la impresión de que iba a desaparecer al fondo de un abismo.

Plantó un pie y, para su sorpresa, no se hundió en el agua.
—¡Increíble!
Plantó el otro pie.
—Increíble —repitió.
Dio unos pasos.
—¡Increíble!
Avanzó hacia Jesús y, cuando llegó a su lado, quién sabe si debido a los fulgores que, a lo lejos, anunciaban la tormenta e iluminaban con fluorescencias la túnica blanca de su amigo, el caso es que, de pronto, como un puente carcomido que cediera sobre un precipicio, se hundió en las aguas oscuras y, antes de que pudiera lanzar un grito, el lago se lo tragó.
Desde el barco llegaron alaridos de terror. Pero entonces, mientras algunos echaban las redes para salvar a Pedro, Jesús se inclinó sobre el agua, como si se asomara a un precipicio, para echarle una mano a su amigo. Lo agarró con firmeza bajo el brazo y lo sostuvo hasta que los demás lo alzaron a bordo.

—¿Por qué has dudado? —le preguntó Jesús a Pedro, que estaba envuelto en una manta.
Señaló el lago y prosiguió:
—De no ser por tus dudas, aún estaríamos correteando sobre el agua.
Pedro no supo qué responder.
Él, como sus compañeros, no sabía qué pensar. ¿Quién era Jesús?
Igual que su hermano, sus amigos y todos los demás, lo había seguido sin conocerlo realmente. Todo había ocurrido muy deprisa. La pesca milagrosa. Su mujer, sus hijos, sus allegados, a los que había dejado atrás. Jesús era su nueva familia y los necesitaba para salvar a los hombres. Las maravillas que obraba, las palabras que pronunciaba, todo se mezclaba, y ahora, por haberse unido a él y haberlo abandonado todo, estuvo a punto de morir ahogado. ¿De verdad era eso lo que

quería? ¿Sacrificarlo todo por ese hombre que decía ser el hijo de Dios y que quizá no fuera sino un demonio que solo buscaba su perdición?

Mientras se preparaba para dormir, Pedro adivinó que sus compañeros, aunque guardaban silencio, tampoco las tenían todas consigo. A diferencia de otras veces, nadie se había instalado junto a Jesús. Se habían agrupado a una buena distancia, lo que, de hecho, ponía el barco en un peligroso desequilibrio.

Ninguno de ellos pudo conciliar el sueño. No eran solo los acontecimientos que acababan de producirse lo que les impedía dormir, sino que se avecinaba una tormenta y el barco daba sacudidas. Cuando los primeros relámpagos cayeron sobre ellos, enseguida comprendieron que se preparaba una tempestad.

Andrés y Juan soltaron rápidamente las velas, para que no se rasgaran. Mientras tanto, Santiago, maniobrando, trataba de seguir el movimiento del oleaje para que la embarcación no naufragara. En pocos segundos, las olas más altas se hicieron monstruosas, y el barco se elevó a más de veinte codos. Manejaban la embarcación con destreza, pero no pudieron sortear una ola gigantesca que, bajo los truenos ensordecedores y los relámpagos, con una violencia inusitada, barrió el puente y se llevó el mástil por delante. El agua inundó el casco en un santiamén y, por más que la achicaban, el naufragio parecía inminente.

Jesús, acurrucado en la proa y profundamente dormido, parecía indiferente a los peligros. Y, mientras que los otros estaban empapados, a él apenas le habían salpicado cuatro gotas. Entre las trombas, Pedro fue a despertarlo:

—¿Cómo puedes dormir? ¿No ves que vamos a hundirnos?

Jesús se estiró y bostezó y luego, sin inmutarse lo más mínimo pese a la inestabilidad del barco, se levantó y alzó los brazos al cielo. Con el ruido de la tormenta, nadie oía sus palabras, pero se veía claramente el movimiento de sus labios, como si hablara con el viento y los truenos.

Como por arte de magia, la tormenta amainó. Las olas y las nubes retrocedieron, la lluvia cesó, e instantes después, la embarcación volvía a flotar sobre una superficie tan lisa como un espejo. Todos aprovecharon la calma para restaurar el orden y secarse la ropa. Reunieron algunos víveres, unas aceitunas, algo de pescado salado, el pan que les quedaba de la jornada y una tinaja de vino. Se cubrieron con mantas y, ahora sí, todos se sentaron alrededor de Jesús. Había realizado una nueva maravilla. Con unas palabras, los había salvado del naufragio y de morir ahogados.

—La esperanza es vuestra única riqueza —señaló—. Es lo único que no debéis perder nunca. Jamás.

—¿Ni siquiera cuando parece que todo está perdido? —preguntó Mateo.

—Especialmente cuando parece que todo está perdido. Si dejáis de creer en mí, todo estará perdido. Pero si mantenéis la confianza en mí, todo será posible. Si perdéis la esperanza, os hundiréis en las oscuras profundidades del lago, como le ha ocurrido a Pedro.

Pasaron toda la noche charlando.

Con la misma pasión que la primera vez.

Cuando el sol asomó por el horizonte, todos se habían quedado dormidos.

Jesús izó la vela que se había salvado y se sentó al timón para llevar el barco hasta la orilla.

Varias veces se volvió para mirar a sus amigos, que estaban sumidos en un profundo sueño.

Le gustaba ese momento en el que, rodeado de sus seres queridos, era el único que estaba despierto.

El momento en el que comenzaba un nuevo día.

Pensó en todo lo que le quedaba por llevar a cabo y, sin querer, frunció el ceño:

—Dame fuerza —murmuró varias veces.

Luego, la luz de la mañana lo arropó con su calor.

Se volvió de nuevo a mirar a sus compañeros.

Se sentía feliz.

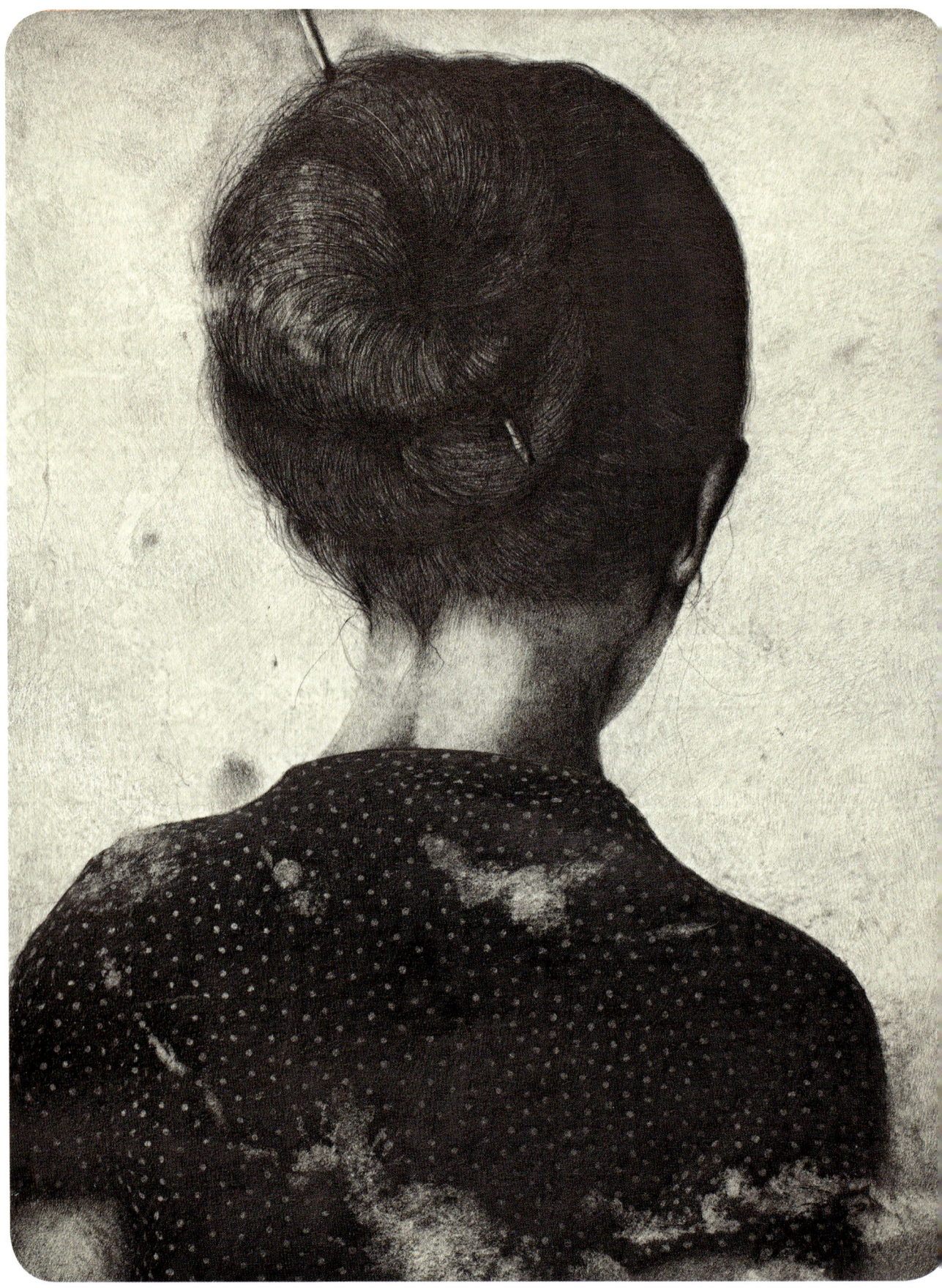

La que ama a otro hombre

Corazón de piedra,
piedra afilada…
A la entrada del pueblo, entonando una cantinela, un grupo de niños recogían piedras y las guardaban en sacos de tela. Como enseguida su cargamento resultó muy pesado, se habían agrupado para cargarlo.
Jesús y sus compañeros, que se dirigían a Betania para visitar a Lázaro, el hermano de María Magdalena, se detuvieron para observar la escena:
Corazón de piedra,
piedra afilada…
—¡Qué colección más curiosa! —se extrañó Santiago el Menor—. Me pregunto qué van a hacer con tantas piedras.
Y como nadie contestaba, siguió hablando, divertido por aquella insólita escena:
—La verdad, ¡menudo caldo más indigesto!
Se echó a reír, pero, como todo el mundo mantenía una expresión seria, se preguntó si no habría dicho una tontería.
Piedra que vuela,
¡piedra que mata!
—Todavía eres muy joven y hay cosas que no sabes —le explicó Mateo—. Cuando una mujer ama a otro hombre distinto de su marido, recibe un castigo.
—¿Y qué? ¿Qué tiene eso que ver con estos chiquillos?
—¿Que qué tiene que ver? Muy sencillo. Cuando una mujer ama a otro hombre distinto de su marido, la condenan a muerte. Y, para matarla, la gente la lapida hasta que muere con los huesos rotos y el cráneo destrozado.
—¡Qué crueldad! ¿Y estos chiquillos son los que la van a lapidar?
—No, esos chiquillos solo intentan ganar algo de dinero. Cuando el saco esté lleno, irán a vender sus piedras a los que no quieren agacharse para recogerlas.
—¡Qué horror! Debe de ser una muerte atroz.
—Tranquilo —respondió Tomás con tono despreocupado—, esta ley solo afecta a las mujeres.

—¿Ah, sí? ¿Y qué les sucede a los hombres infieles?

—¿A los hombres infieles? —replicó Tomás encogiéndose de hombros—. La ley no dispone nada para los hombres infieles.

Durante toda la conversación, Jesús había permanecido callado. Pedro, que desaprobaba esa cruel costumbre, propuso que dieran un rodeo para no entrar en el pueblo. Pero, para su sorpresa, mientras que todos los miembros del grupo habían aceptado su propuesta, Jesús insistió en que asistieran a la ejecución de la mujer. La sorpresa fue aún mayor cuando, mientras seguían a los niños que se dirigían al centro del pueblo, compró una gran piedra bien afilada:

Corazón de piedra
piedra afilada,
piedra que vuela,
¡piedra que mata!

El gentío se agolpaba alrededor de la plaza mayor. Mientras los niños vaciaban el contenido del saco, los hombres y las mujeres, a codazos, trataban de llegar a las primeras filas. Enseguida, la plaza se llenó de gente. Entre la muchedumbre varias personas reconocieron a Jesús y, como su reputación de autor de prodigios y maravillas se había extendido en todo el país, se apartaron para dejarle paso. Al nerviosismo reinante por la ejecución que estaba a punto de tener lugar se añadía el entusiasmo que causaba su presencia. ¿No era ese el que curaba a los enfermos? Por todas partes se contaba que había devuelto la vista a los ciegos y curado a los leprosos. Incluso se decía que era el enviado de Dios.

Los fariseos fueron los únicos que se incomodaron al verlo llegar. También ellos conocían la reputación de Jesús, pero no creían que fuera el enviado de Dios. En el mejor de los casos, era un impostor y, en el peor, un demonio. Lo demostraba el hecho de que no observara la ley de sus antepasados y de que no hiciera otra cosa que mancillar su memoria.

De pronto, en la plaza se elevó un clamor de gritos e injurias. Varios hombres arrastraban a una mujer completamente aterrorizada. A su paso, el gentío vociferaba, y algunos incluso le escupían. La dejaron caer en el suelo, temblorosa, más muerta que viva.

Mientras Jesús, en la primera fila, permanecía en silencio, uno de los fariseos avanzó para anunciar los cargos formulados contra la mujer. Al terminar, pronunció la sentencia:

—Por amar a otro hombre distinto de tu marido, te condeno a muerte. Muerte por lapidación.

Tras esas palabras, se alzó un clamor. Pero, cuando la muchedumbre ya preparaba las piedras que iban a utilizar para la ejecución, el fariseo levantó la mano para imponer silencio. La presencia de Jesús le dio una idea. Era el momento perfecto para dar una lección a ese charlatán y demostrar que no respetaba la ley de sus antepasados. Se volvió hacia él:

—Tú, que dices ser el enviado de nuestro Dios todopoderoso, ¿apruebas esta decisión? Vas pregonando por ahí que hay que perdonar a quienes han pecado y que el reino de los cielos pertenece a quienes se arrepienten. Pero la ley de Moisés es irrevocable y no admite discusión: esta mujer debe morir.

Todas las miradas se volvieron a Jesús, que aún no había abierto la boca. Permaneció unos instantes sin decir una palabra y se acercó a la mujer aterrorizada. Ante los ojos de sus compañeros y de los habitantes del pueblo, extrajo de su zurrón la piedra que había comprado a los niños.

Era una piedra más bien pesada, con el canto afilado como la hoja de un puñal. La lanzó al aire varias veces en la mano, como si se dispusiera a lanzarla, y se giró hacia la muchedumbre, que contenía la respiración:

—El que esté libre de pecado que arroje la primera piedra.

Luego, dejó en el suelo la piedra que tenía en la mano y se apartó.

Durante unos segundos, el tiempo pareció detenerse.

Por primera vez, la mujer había levantado la cabeza. Miraba con confusión la piedra que Jesús había depositado en el suelo.

Entonces, un anciano se acercó y dejó caer su piedra junto a la de Jesús.

Y después otro. Y otro. Y otro más.

Todos los hombres y todas las mujeres desfilaron para depositar sus piedras, que formaron un montón junto a la mujer.

Los fariseos, furiosos, se retiraron:

—Ya verás lo que es bueno —le amenazaron—. El que no respeta la ley antigua no puede quedar impune. Has de saber que el Gran Consejo en Jerusalén ya te ha condenado. Y lo que acaba de ocurrir no hará sino agravar tu caso.

Mientras sus compañeros trataban de defenderlo de los fariseos, Jesús se acercó a la mujer para ayudarla a levantarse:

—¿Dónde están tus acusadores? ¿Queda alguna persona para condenarte?

—Nadie. Se han ido todos —respondió la mujer, enjugándose las lágrimas y esbozando una tímida sonrisa.

—Entonces, yo tampoco te condeno —replicó Jesús, sonriendo a su vez—. Ve…

Mientras la mujer se alejaba, Tomás y Juan fueron al encuentro de Jesús. Acababa de llegar un comerciante de Betania. Allí, María Magdalena estaba de luto, pues su hermano Lázaro había muerto.

—Hemos llegado tarde —dijo Tomás—. Ya no merece la pena que vayamos a Betania.

—Sí —añadió Juan—. Ahora que Lázaro ha muerto, ya no puedes hacer nada por él.

Jesús se acercó a un pozo y sacó un poco de agua.

Bebió y se dirigió a sus compañeros:

—Llenad los odres y refrescaos. Todavía nos queda un largo camino.

—¿Quieres salir para Cafarnaúm a esta hora? Es una locura. Es mejor que pasemos la noche aquí y salgamos por la mañana.

—¿Quién ha dicho nada de Cafarnaúm? Nos vamos a Betania. Le prometí a María Magdalena que curaría a su hermano.

—Pero… si está muerto —replicó Tomás.

Jesús ya no lo escuchaba, pues abría la marcha a paso ligero. Pedro, Juan, Santiago y todos los demás fueron tras él.

Instantes después, Tomás se encogió de hombros.

—¡Eh! ¡Esperadme!

Y echó a correr para alcanzarlos.

La sombra blanca

Una sombra blanca.
Y cuando María Magdalena vio titilar ese haz de luz al fondo del sepulcro, sintió que le temblaban las piernas. Su hermana Marta, que se encontraba junto a ella, se acercó para sostenerla.
Una sombra blanca.
Y Jesús se hallaba delante del sepulcro.
Algo más apartados estaban sus compañeros, los que había conocido en Cafarnaúm. Los que la habían despreciado cuando había ido a pedirle ayuda.
Porque había pecado. Porque, para ganarse la vida, había intercambiado su amor por unos siclos. Y se había atrevido a presentarse ante él, con la esperanza de que la perdonara y salvara a Lázaro. Lázaro, su hermano, el único que siempre le había dado su apoyo y nunca la había abandonado, a pesar de su oficio y su mala vida, a pesar del dinero ganado de forma tan indigna.
Jesús la había recibido.
La había lavado de todos sus pecados.
Había hecho una promesa.
La promesa de que libraría a su hermano de la enfermedad.

Una sombra blanca.
En Betania, María Magdalena había encontrado a Lázaro aún más enfermo de lo que pensaba. Y también a Marta, que cuidaba de él y a cuya disposición se había puesto inmediatamente. Cada día que pasaba, cada día que su hermano empeoraba, María había recordado la promesa. Todas las mañanas, con el corazón esperanzado, trepaba al inmenso cedro desde el que se veía todo el pueblo, y allí esperaba. Se subía con gran agilidad a las ramas más altas del árbol, en el que había encontrado refugio cuando era pequeña. Desde allí, oteaba el horizonte y, tan pronto como divisaba viajeros por la gran carretera, con el corazón en un puño, rodeaba el tronco con las piernas y, lo más rápido que podía, se dejaba caer al suelo y corría por el camino. Pero siempre sufría la misma desilusión. Y, cuando volvía a casa para cuidar a su hermano, la enfermedad había avanzado y su estado había empeorado.

Incluso el día de la muerte de Lázaro se había subido al árbol. Pero esa vez no había oteado la carretera. No. Sentada entre dos ramas, había llorado la muerte de su hermano. Y también la promesa incumplida. Él dijo que vendría. Dijo que lo curaría, y ella lo había creído. No había dejado de creerlo ni un solo instante, ni siquiera cuando la fiebre atormentaba a Lázaro, ni cuando la agonía le hacía delirar. Y, cuando su hermana y ella le habían aplicado a su hermano las últimas abluciones y lo habían envuelto con vendas blancas y un largo sudario, también entonces había mantenido viva la esperanza. A cada paso que daba, cada vez que la puerta se abría, levantaba la cabeza, convencida de que era él quien llegaba.
Tras la ceremonia, pensó que tal vez se había equivocado. Que, una vez más, había estado ciega. Por culpa de una mirada, de una sonrisa. ¿Sería Jesús como los demás hombres? ¿Sería como el primero al que había amado? ¿El que la había abandonado tras prometerle que se casaría con ella? ¿El que la había obligado a abandonar a su familia para no ser una deshonra? También aquel día se había refugiado en el árbol para llorar su pena.

Una sombra blanca.
Cuando ya hacía varios días que habían sepultado el cuerpo de Lázaro en la tumba, cuando habían entonado las oraciones de los muertos y obstruido la entrada con una gran piedra, cuando la tristeza había secado todas sus lágrimas, solo entonces llegó Jesús.
En las calles empedradas, bajo la luz cegadora del sol de mediodía, Jesús había ido a su encuentro.
Y ella le había contado la muerte de su hermano Lázaro, cómo se le secaba la boca, cómo se apagaban sus ojos y cómo se le iba la vida.
Jesús había pedido que le enseñaran la tumba, y María lo llevó al sepulcro, junto con sus compañeros y su hermana Marta. Una vez allí, Jesús se limitó a ordenar:
—Retirad la piedra.
—Retirad la piedra.
Lo repitió varias veces sin hacer caso del estupor reinante, hasta que sus compañeros la retiraron rodando para despejar la entrada de la cueva.

Una sombra blanca.

Una bandada de murciélagos, asustados por la luz deslumbrante, salió huyendo y María se sobresaltó. Poco a poco, sus ojos se fueron acostumbrando a la oscuridad del sepulcro. Entre las paredes de roca, un estrecho sendero se adentraba en las oscuras entrañas de la tierra.

En el fondo, María nunca había dejado de creer que Jesús cumpliría su promesa, por mucho que su confianza se hubiera apagado como una hoguera cuando se consume la leña. De la tumba de su hermano, que acababan de abrir, salía una ráfaga congelada que había avivado sus esperanzas como brasas ocultas bajo la ceniza. La sombra frágil blanca había vacilado y se había agrandado. Y, cuando se acercó, cuando en el pasillo de roca adoptó la forma de un hombre, no pudo contener un grito. Pero no un grito de miedo. No: un grito de esperanza.

Y delante de ella, de su hermana y de Jesús y sus compañeros, con el cuerpo todavía cubierto de vendas y una mano en los ojos para protegerse del sol, apareció su hermano Lázaro.

Lázaro, que, a duras penas y con los músculos todavía doloridos, volvía del reino de los muertos.

La sombra blanca.

María fue la primera que saltó a los brazos de su hermano. Tras ella, todo el mundo se agolpó a su alrededor. Los vítores de alegría fueron tales que los aldeanos acudieron corriendo para celebrar su resurrección. En todas partes lo rodeaban, lo felicitaban, querían tocarlo.

María Magdalena buscó con la mirada a Jesús entre la gente. Él, algo apartado, la contemplaba y sonreía.

Se cruzaron sus miradas, y ella le devolvió la sonrisa.

Su corazón estaba rebosante de agradecimiento.

Había cumplido su promesa.

Por la noche, María lo guiaba de la mano:

—Ya hemos llegado.

—¿Y pretendes que suba ahí arriba?

—Tú ven detrás de mí y haz lo mismo que yo.

Jesús trepaba detrás de ella, utilizando los mismos agarraderos y pisando las mismas ramas.

—Aquí es —anunció María sonriendo.

Se apoyaron en el tronco y se quedaron un rato en silencio, disfrutando de la brisa que despeinaba las hojas.

—¿Seguro que no te quieres quedar?

Jesús sonrió y meneó la cabeza. Luego, señaló el horizonte:

—Mañana salimos para Jerusalén.

—¿Jerusalén? Pero si ya sabes que los fariseos han jurado acabar contigo. Van difundiendo por ahí que no respetas la ley de nuestros antepasados. Esperan que los romanos te detengan en Jerusalén bajo el pretexto de que incitas al pueblo a la rebelión. —Hizo una pausa y, con tono suplicante, le pidió—: Quédate…

Jesús volvió a negar con la cabeza.

María sabía que él ya había tomado una decisión y, sin embargo, no podía dejar de insistir.

—Quédate…

—Debo ir a Jerusalén. Tengo que hacerlo.

Y entonces, por primera vez, María leyó el miedo en sus ojos.

—Estoy aquí —dijo—, siempre lo estaré. Te lo prometo.

Reposó la cabeza en su hombro y se quedaron un rato uno junto al otro.

Uno junto al otro, hasta que amaneció y empezó un nuevo día.

Las palabras recuperadas

Pedro ha llegado el primero y ha cogido sitio. Se encuentra en una habitación vacía en la que resuenan las voces y el eco de los pasos. Se oyen a lo lejos los rumores apagados de la ciudad y la fiesta que se prepara. Es la Pascua, y miles de fieles se han dado cita en Jerusalén.

Pedro recuerda su llegada y la de sus amigos como si fuera ayer. El viaje entre el vocerío y las aclamaciones tras la resurrección de Lázaro, y la gente agolpándose para saludar a Jesús. En un pueblo, una mujer alza a su recién nacido hacia el cielo. Más allá, un mozalbete se cuela entre las piernas de sus padres para ofrecer su peonza. Y, en las afueras, un fariseo, con dos dedos extendidos, los maldice y escupe en el suelo. Y luego llegan a la puerta de la ciudad, donde les dan la bienvenida los mantos, los ramos y miles de flores esparcidas en las calles.

El agradecimiento.

La alegría.

El triunfo.

¿Cómo habían podido las cosas dar un giro tan inesperado? ¿Cómo es que ahora tenían que esconderse en un lugar secreto, tan solo para celebrar la Pascua?

Pedro, sumido en sus pensamientos, no oye los tres golpes ni los susurros en la puerta. Se sobresalta al ver que Santiago y Andrés han entrado en la habitación. Antes de sentarse junto a él, contemplan el jardín de la parte de atrás de la casa. Con ellos entran en la estancia efluvios de tomillo, salvia silvestre y limón.

Santiago y Andrés tienen una explicación para la rápida caída en desgracia de Jesús. Están convencidos de que todo empezó en el templo, cuando los sacerdotes se asustaron al ver peligrar sus ingresos. El grupo había acudido allí con Jesús, que había cruzado apresuradamente las calles abarrotadas de animales destinados al sacrificio. En el inmenso edificio, el zureo de las palomas, los balidos de los corderos y los mugidos de los bueyes se confundían con las voces de los vendedores. Jesús, que no toleraba que los comerciantes perturbaran las oraciones, había montado en cólera y, como se negaron a irse, había arramblado con las jaulas. Las había tirado una tras otra, con una fuerza que la furia duplicaba, y había causado un estrépito en el que se mezclaban los gritos de indignación, los mugidos de los rumiantes y los aleteos de las aves. En pocos minutos, miles de palomas liberadas habían salido en desbandada, formando una nube blanca por encima del templo. Después, mientras los vendedores perseguían a sus pájaros por todas partes, Jesús había liberado a los bueyes y las ovejas, que se habían desperdigado por las calles de Jerusalén como la leche de un cántaro que se hubiera derramado.

Mientras charlan, se unen a ellos Mateo, Tomás y Tadeo, que, para no interrumpirlos, se sientan algo más apartados; sin embargo, en cuanto intuyen el tema de conversación de sus amigos, enseguida intervienen en la charla. A su juicio, los responsables son los fariseos. Han aprovechado el incidente del templo para ganarse a los sacerdotes y los comerciantes y unirlos a su causa. Han hecho correr por toda la ciudad el rumor de que Jesús es un farsante que engaña al pueblo y no respeta la tradición. Tadeo ha oído que habían jurado acabar con él pero, como no tenían potestad ni para detenerlo ni para juzgarlo, habían ido a los romanos con el cuento de que Jesús trataba de expulsarlos de la región para gobernar en su lugar. De este modo, esperaban que los romanos se encargaran de él. Y en la mesa todo el mundo sabe que, si los romanos detenían a Jesús, se exponía a una muerte segura.

Esas oscuras perspectivas sumen la mesa en un largo silencio, que se rompe con la llegada de Simón, Santiago el Mayor, Felipe y Bartolomé. Están muy nerviosos por las medidas que han tenido que tomar para reunirse. Inconscientes del peligro, han seguido a través de las sinuosas calles al hombre cuya descripción les habían dado: un sirviente que lleva un cántaro de agua sobre el hombro izquierdo. Después, extremando las precauciones para no ser vistos, y sin poder disimular su expresión de conspiradores, se han dejado conducir hasta la casa. Entonces, han llamado con tres golpes secos y han susurrado las contraseñas que memorizaron

el día anterior. La puerta se ha abierto, y han accedido a esa gran estancia donde la mesa ya estaba preparada para la cena.

Santiago, Simón y Felipe se colocan al lado de Mateo. Como ya no queda sitio, Bartolomé, de mala gana, se sienta al otro lado de la mesa. De la cocina llega el olor del pescado y el hinojo. Ha sido un día muy largo y a todos les ruge el estómago. Los sirvientes han traído a la mesa un vino especiado, una gran hogaza de pan y unas hierbas amargas.

Juan se une a ellos. Busca sitio junto a Pedro, que, contento de verlo, se pone a chacharear con él. Pero Juan no lo escucha. Se mira los dedos manchados de tinta. Recuerda todas las palabras que ha escrito en los últimos días, esas palabras que creyó que se habían volado, borrado, sumergido. Esas palabras que ha recuperado, que ha escrito con sumo empeño y en las que ha soplado para que se sequen más rápido. Piensa en las hojas de papiro y en los trozos de cuero que ha envuelto en una tela y que, de momento, ha escondido en el fondo de una tinaja.

No escucha a Pedro. Sigue mirándose los dedos y pensando en algún lugar donde poder ocultar sus escritos, un escondite que no conozca nadie. El tronco de un árbol, un arcón o el fondo de algún hoyo que él mismo pueda cavar. Se mira los dedos y ni siquiera se percata de que Judas acaba de llegar con la lengua fuera y le da un empujón a Andrés para sentarse a su lado. Judas, que juguetea con una bolsa de cuero que parece repleta de monedas. Y que responde con evasivas a las preguntas que le hacen sus amigos para que explique de dónde viene.

Por fin, llega Jesús. Cuando se sienta a su lado, Juan se mira los dedos por última vez y cierra los ojos para escuchar. Para no olvidar ninguna de las palabras que va a pronunciar, esas palabras que, después, se apresurará a escribir en un trozo de cuero o en una hoja de papiro.

Y Jesús empieza a hablar.

Con gravedad.

Con tristeza.

Con esperanza.

Y todos juntos comparten su cena.

Juan, con la cabeza inclinada, los ojos cerrados, lo escucha todo.

Visualiza mentalmente cómo van tomando forma las palabras.

Las palabras que escribirá para contarlo todo:

«Nuestra última cena»,

ha anunciado.

Esta noche, los soldados romanos vendrán a arrestarlo.
Uno de los que estamos sentados a esta mesa lo ha denunciado.
Lo ha vendido por treinta denarios.
Jesús coge el pan y el vino y los reparte,
diciendo:
«El vino es mi sangre,
el pan es mi cuerpo»,
y diciendo
las palabras que habremos de predicar por todas partes
con la mano,
con el verbo,
más allá del mundo que conocemos,
después de su muerte.
Una muerte que él sabe que está muy cerca, muy presente.

Cuando Juan vuelve a abrir los ojos, ya es de noche. Se encuentra solo en la mesa. Los demás han salido al jardín con Jesús. Las lámparas de aceite se han apagado; solo queda una encendida, con la llama vacilante. La llama de la lámpara se apaga, y Juan se levanta para reunirse con sus amigos.
Siente que lo invade la tristeza, y trata de calmarse pensando que todo lo que se ha dicho, todo lo que él ha escrito, son solo palabras.
Solo palabras, y cruza la puerta para salir a un jardín rodeado de olivos.
Solo palabras, y camina sobre la hierba, que ya está cubierta de rocío.
Solo palabras, y se ciñe la sandalia que lo ha hecho tropezar.
Solo palabras.
Las lágrimas inundan sus ojos. Sabe que cuanto ha dicho, cuanto ha anunciado, se cumplirá.
La traición.
El dolor.
La muerte.
Como si esas palabras ya se hubieran escrito antes de que él sostuviera la pluma y, en realidad, su única misión fuera copiarlas.

En un jardín rodeado de olivos

Ahora estaba solo.

Completamente solo.

A su alrededor, todos dormían, incluso Pedro que, sin embargo, había jurado que jamás lo abandonaría. Apoyado en el tronco de un olivo, sujetaba entre sus brazos la espada oxidada que había encontrado para protegerlo.

Santiago también iba armado con una vieja espada, pero la había dejado caer, y el arma estaba tirada en el suelo mientras él dormitaba con la boca abierta.

Juan se había quedado dormido con la cabeza recostada en su pecho y, por sus movimientos nerviosos, Jesús notaba que estaba intranquilo. Hablaba en sueños a toda prisa, pronunciando palabras incomprensibles y frases sin pies ni cabeza. Jesús le acarició la frente y las sienes durante un rato, como si cuidara a un niño enfermo.

Cuando Juan se calmó, para no despertarlo, le puso bajo la cabeza un saco de tela enrollado, a modo de almohada. Luego se levantó y dio unos pasos para salir de la sombra de los árboles. Más allá, se oían los ronquidos de Tadeo, que dormía con los demás. Solo faltaba Judas, que se había esfumado al terminar la cena.

Solo.

Completamente solo.

Y, como esa noche tenía miedo de la soledad, varias veces había intentado despertar a sus amigos para que le hicieran compañía.

Pero acabó desistiendo.

¿Para qué luchar, cuando ya estaba todo decidido?

Sabía desde el principio cómo iban a suceder los acontecimientos.

Cómo iban a detenerlo.

Cómo iban a juzgarlo.

Y cómo iba a morir.

Sobre su cabeza, miles de estrellas iluminaban el cielo, y, de pronto, la luz pareció tan pura que por un instante creyó que, extendiendo la mano, podría atraparlas. Pero lo único que encontraron sus manos fue aire, y empezaron a temblar.
Estaba solo.
Completamente solo.
Le faltaba la respiración.
Un peso enorme le oprimía el pecho.
Tenía un nudo en la garganta y la respiración entrecortada, y le daba vueltas la cabeza.
Se ahogaba.
Dio unos pasos en la noche, pero la angustia que se había apoderado de él no remitía.
Trató de recuperar una respiración más pausada, pero el corazón le latía con desorden y el sudor le helaba todo el cuerpo.
De nuevo caminó en la oscuridad.
¿Dónde podría escapar?
Por todas partes era de noche.
Y estaba solo.
Empezó a dar zancadas más largas sin saber dónde pisaba.
Caminaba, caminaba, caminaba.
De pronto, una rama le golpeó el rostro y entonces caminó en sentido contrario.
Dios mío, decía, y levantó la cabeza hacia las estrellas.
Dios mío, decía, y tropezó con una raíz.
Dios mío, decía, y cayó de rodillas.
Dios mío, decía, y empezó a llorar.
Dios mío.

Poco a poco, el peso que lo oprimía se fue aliviando.
Su respiración se hizo más pausada.
Poco a poco, el miedo se alejaba.
A lo lejos, unos soldados se aproximaban.
Se levantó.
Sabía lo que le quedaba por hacer.
Ya no estaba solo.
Ya no tenía miedo.

Los soldados se acercaron con discreción y, cuando llegaron, rodearon a Jesús y a sus amigos dormidos, haciendo chocar sus escudos con las espadas.
Reunieron a todo el mundo a empujones, golpeando sin contemplaciones a quienes todavía seguían adormecidos. Santiago ni siquiera tuvo tiempo de empuñar la espada, pero a Pedro resultó difícil desarmarlo. Entre sus gestos desordenados y sus molinetes a diestro y siniestro, los soldados apenas lograban controlarlo. Aunque varios soldados rodearon a Pedro, este, con un movimiento rápido e inesperado, le cortó la oreja a uno de ellos. Decididos a vengar a su compañero, lo atacaron entre varios y, de no ser por la intervención de Jesús, que se interpuso, sin duda lo habrían masacrado. Las órdenes de un centurión pusieron fin a la pelea, y los sables empuñados volvieron a sus vainas.
Mientras sus amigos reunían sus bártulos, Jesús aprovechó para curar al soldado herido. Y en ese momento Judas, seguido de un fariseo, salió de la sombra en la que se había ocultado. Como si nada, se mezcló con el grupo, se acercó a Jesús, lo abrazó y lo besó.
Y a partir de ahí todo ocurrió muy deprisa.
Los soldados apresaron a Jesús y lo encadenaron. Sus compañeros, asustados, se dispersaron y desaparecieron en el jardín.

Pedro también huyó, pero no tardó en dar media vuelta para seguir a la patrulla que se llevaba prisionero a Jesús por las calles de Jerusalén. Guardando las distancias, caminaba pegado a las paredes y se ocultaba en los portales. Cuando la tropa accedió a un gran edificio rodeado de murallas, se le encogió el corazón. Empujaron a su amigo al fondo de un calabozo.

Se acercó con cuidado, indeciso. En el patio del edificio, la gente parecía entrar y salir con total libertad. En el centro había varias personas reunidas en torno a una hoguera. Algunos eran soldados y carceleros, pero también había curiosos y peregrinos que habían llegado para celebrar la Pascua y que no habían encontrado un sitio donde pernoctar.

Pedro se unió discretamente al grupo para escuchar lo que se decía.

Un soldado contaba la detención de Jesús.

Por miedo a que lo reconociesen, Pedro dio un paso atrás para que no le vieran el rostro.

El soldado proseguía su relato, añadiendo detalles y fanfarroneando, animado por el interés que le prestaban los asistentes.

Pero, cuando Pedro trató de alejarse, el soldado lo reconoció:

—¿No eres uno de los amigos de ese tal Jesús que dice ser el hijo de Dios? —preguntó, levantando la lanza que sostenía en la mano.

—No, no —balbuceó Pedro—, debes de confundirme con otro. No tengo nada que ver con ese Jesús del que hablas.

—Sí, sí, te reconozco. Durante su detención incluso heriste a uno de los nuestros con tu espada.

—No, te aseguro que te equivocas —tartamudeó Pedro—. No conozco a ese Jesús del que hablas.

—¿Me tomas por tonto? Reconozco tu rostro. Eres un cómplice de ese hombre que incita al pueblo a rebelarse contra nosotros.

—No —repitió Pedro una vez más—, no lo conozco.

Y, antes de que el grupo pudiera apresarlo, salió escopetado. Para escapar, empujó a dos hombres que trataron de cerrarle el paso y, cuando logró salir, corrió con todas sus fuerzas, sin rumbo. Durante unos instantes, oyó tras de sí los pasos de sus perseguidores, pero al final, de tanto callejear, acabó dándoles esquinazo.

Siguió a la carrera un buen rato, sin poder parar, y solo cuando sus pies ya no pudieron sostenerlo se detuvo, exhausto. Se metió en un cobertizo que había junto a la parte trasera de una casa, al fondo de un sucio callejón.

Como todo estaba oscuro, avanzó a tientas, tratando de esquivar los viejos tablones y algunos objetos que parecían herramientas. Adivinó que lo que tocaban sus dedos era paja, de modo que la esparció lo mejor que pudo y se tumbó encima. E inmediatamente se sumió en un profundo sueño.

El canto de un gallo posado en lo alto despertó a Pedro, que se sobresaltó.

Trató de ahuyentar al animal, pero este se defendió a picotazos y propinándole una buena salpicadura de excremento. Luego, con ojos arrogantes, irguió la cresta y, por segunda vez, volvió a cantar.

Esta vez, Pedro se levantó de un salto. Asqueado, se limpió el rostro con un trozo de túnica y echó un vistazo alrededor. Las luces del alba iluminaban débilmente el lugar en el que se había refugiado durante la noche. A su alrededor, cacareaba un grupo de gallinas; algunas buscaban semillas y otras cloqueaban sobre los huevos que empollaban.

Cuando el gallo volvió a cantar por tercera vez, Pedro salió del gallinero en el que acababa de pasar la noche y, por las calles desiertas, se refrescó en una fuente. Después, a medida que el día despuntaba y que la calle se llenaba de gente, trató de encontrar su camino.

No se sentía orgulloso de sí mismo. Había jurado proteger a Jesús y, sin embargo, había huido de él vilmente cuando más lo necesitaba. Peor aún, había negado varias veces que lo conocía y se había refugiado en el fango de un gallinero.

¿Y ahora qué?

¿Qué iba a pasar?

Recorría las calles con gran preocupación, esperando enterarse de alguna noticia. Pedro recordaba con claridad las frases pronunciadas por Jesús.

—Nuestra última cena —había dicho mientras compartía el pan y el vino, y un sentimiento de angustia se sumó a sus remordimientos.

Volvió a acelerar el paso, pero el gentío que había acudido a las fiestas se apelotonaba cada vez más a medida que se acercaba al centro de la ciudad. Al llegar al templo esperando tener noticias de Jesús, oyó a un pregonero que, subido a unos zancos para proyectar su voz lo más lejos posible, arengaba al gentío:

—¡Se hace saber!

Se hace saber, habitantes de Galilea, de Judea y de Jerusalén,

almas en pena y paganos, ricos mercaderes y ciudadanos;

se hace saber, buenas gentes, sordomudos y desharrapados;

se hace saber lo que ha decretado Poncio Pilato,

gran procurador de Judea y representante del emperador César Tiberio.

Por alterar el orden público e incitar a la revuelta contra el imperio

se condena al que llaman Jesús de Nazaret, hijo de María y José, a ser crucificado.

Tres clavos en pies y brazos

es la sentencia que se ha pronunciado.

Se hace saber también que, mañana,

en la montaña de los cráneos, la sentencia será ejecutada.

Esto se hace saber.

¡Ave, habitantes de Galilea, de Judea y de Jerusalén!

La montaña de los cráneos

Fue Juan quien salió a buscar a María.
Por su mirada, ella había comprendido enseguida.
Sabía lo que iba a suceder.
Desde que Jesús había nacido, no había pasado una noche sin que ese instante perturbara sus sueños.
Era de noche. O de día.
Alguien llamó a la puerta.
Con gran dificultad, ella alzó la mirada.
Abrió la boca para decir algo, pero se contuvo.
Y esos ojos, esa boca, antes de ver, de hablar, eran como un puñal.
Desde que Jesús había nacido, todas las tardes había rezado para mantener alejado ese momento.
Con todo su corazón y toda su alma.
Pero el día había llegado.

Juan sabía que María estaba celebrando la Pascua en Jerusalén, y enseguida había ido a buscarla.
Había llamado a la puerta.
Con gran dificultad había alzado la mirada.
Había abierto la boca para decir algo.
Se había contenido.
Y, cuando al fin había logrado pronunciar unas palabras, María ya se había derrumbado, rota de dolor.
Iban a arrebatarle el hijo que Dios le había dado.
Su hijo iba a morir.

Como en esos sueños que le impedían dormir, se había lanzado con Juan a la multitud inmensa. Por doquier resonaban el griterío, los insultos, las vociferaciones. Y el polvo recubría la ciudad con una capa de suciedad.
Varias veces, Juan le había señalado a Jesús, pero ella no había logrado verlo.
Allí, exclamaba él, pero la muchedumbre no paraba de empujarlos; todo esfuerzo era inútil. Como una barca vapuleada por la tormenta, María había dejado de oponer resistencia y se había dejado llevar por el tumulto.
Había cerrado los ojos. Cuando volviera a abrirlos, todo habría desaparecido. La gente, el vocerío, el odio. El polvo se habría posado y los soldados que conducían a Jesús hacia el lugar de la ejecución habrían regresado a su guarnición.
Solo quedaría su hijo.
Se acercaría a ella con esa sonrisa que siempre había visto dibujada en su rostro. Esa sonrisa que lucía de niño cuando volvía a casa con las rodillas llenas de costras y que significaba «tranquila, mamá, no te preocupes».

Como los restos de un buque tras un naufragio, la multitud arrastró a María y a Juan más lejos. Cuando volvió a abrir los ojos, su hijo se encontraba a escasos metros, pero la sonrisa había desaparecido de su rostro y los soldados lo empujaban con sus lanzas. Uno de ellos le había puesto en la cabeza una corona de zarzas y espinas. Por las mejillas le caía un reguero de sangre que se mezclaba con sus lágrimas.
María extendió los brazos, pero el verdugo arrastraba a su hijo hacia las puertas de la ciudad.
Una vez más la muchedumbre se apiñaba.
Una vez más resonaban con fuerza los gritos y los insultos.

Varias veces oyó pronunciar el nombre de ese lugar maldito.
Gólgota.
La montaña de los cráneos.
Ahora estaba segura de que ya no había esperanza.
Podía cerrar los ojos todas las veces que quisiera, abrirlos y volver a empezar, que nunca ahuyentaría los sueños que la habían acosado durante toda su vida y que ahora se habían hecho realidad.
Iban a crucificarlo.
A su hijo.
A Jesús.

Durante todo el día se habían estado formando densos nubarrones en el cielo y, sin que a nadie pareciera preocuparle demasiado, se había preparado una tormenta. El bochorno sofocante había obligado a la población a salir de la ciudad en busca de un poco de aire, y muchos habitantes se habían ido a pasear por los caminos que salían de Jerusalén. La mayoría de ellos no se habían fijado realmente en las cruces plantadas en la montaña de los cráneos. La mayoría se había limitado a dar un rodeo para evitar ese lugar mortecino en el que los crucificados agonizaban durante horas antes de exhalar su último suspiro. Solo se habían acercado unos cuantos peregrinos que visitaban la ciudad por primera vez pero, al darse cuenta de su verdadero significado, habían dado media vuelta para alejar de allí a sus hijos.
Y, más tarde, cuando las primeras gotas caían y la multitud se apresuraba para volver a la ciudad, nadie hizo caso del dolor de esa madre que seguía en cortejo los restos mortales de su hijo.
Las nubes se habían aglomerado de tal manera que parecía que hubiera anochecido en pleno día. Un pájaro blanco que acababa de salir volando surcó el cielo con un vuelo majestuoso, pero nadie lo vio pasar. Unos momentos antes, el trueno

había resonado con tal estrépito que la tierra había temblado. Y por todas partes la gente regresaba a la ciudad echando pestes contra aquella tormenta, que aguaba la fiesta.

«Las correas del látigo que azotan su espalda.
Y la pesada cruz que lo aplasta.
El bochorno asfixiante, las caídas, los batacazos.
La montaña de los cráneos.
Gólgota.
En su carne, tres clavos incrustados.
Los soldados que juegan a los dados.
Su ropa desgarrada.
El cabello de María, cubierto de canas.
María Magdalena, que nos acompaña, repite y no cesa.
Mi promesa, mi promesa, mi promesa.
Hasta que María la abraza y le acaricia la larga melena.
Mi promesa, mi promesa, mi promesa.
Cada vez con menos fuerza.
Sus gritos.
Sus gritos.
Sus gritos.
Y la muerte.
Su cuerpo trasladado a la cámara sepulcral.
Y el final».

Juan sopla para secar la tinta, enrolla el cuero en el que acaba de escribir esas palabras y lo envuelve en un trozo de tela.
Después, se oculta la cabeza entre las manos y rompe a llorar.

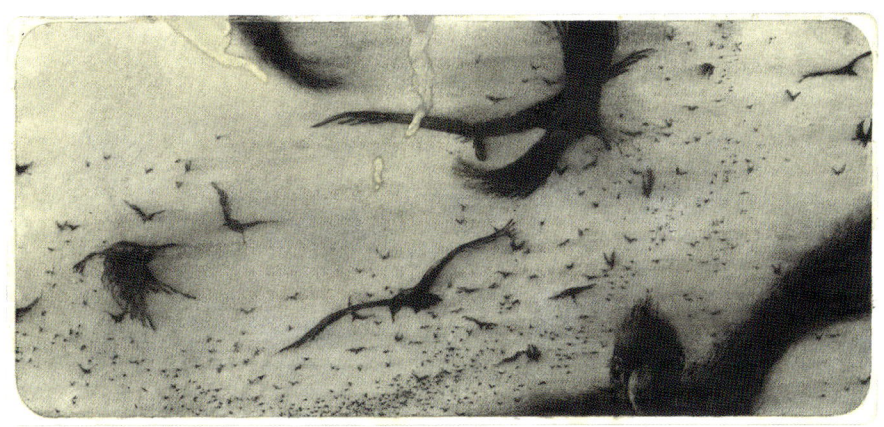
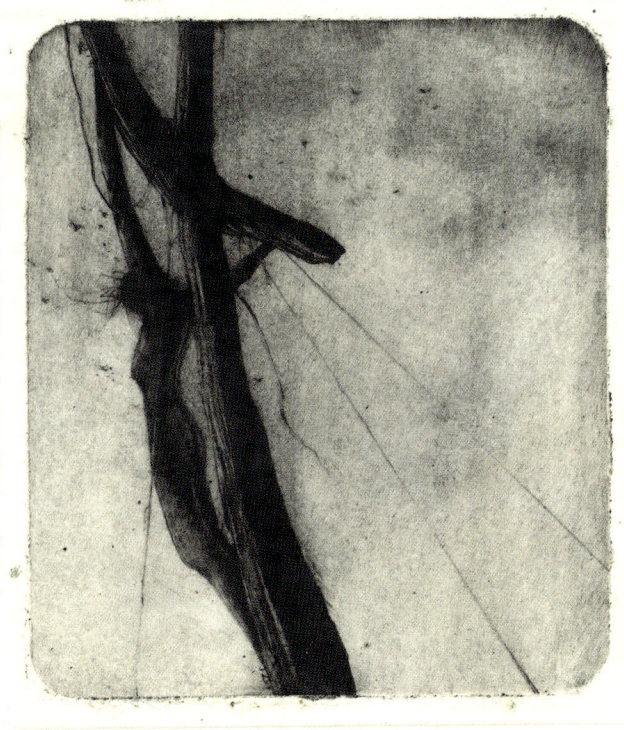

La puerta abierta

María Magdalena se despertó antes de que amaneciera.

Con los ojos enrojecidos por las lágrimas y la falta de sueño, y su larga melena despeinada, salió a la palidez de la noche. Al sentir el empedrado húmedo, se dio cuenta de que iba descalza. Una brisa nocturna le inflaba el vestido. Sintió un escalofrío.

Sin saber muy bien por qué, se dirigió hacia los jardines en los que descansaban los muertos.

El chirrido de la verja desgarró el silencio de la noche.

Mientras avanzaba por la avenida, una lechuza pasó ululando.

Le sorprendió el contacto de la grava. Era liso y fresco, y le agradaba sentir la arenilla entre los dedos de los pies. Incluso el crujido de sus pasos le resultaba reconfortante, «ras-ras», y resonaba en las paredes de las tumbas que iba recorriendo, «ras-ras».

Se dejaba mecer por el ritmo de su caminata y por el eco. De pronto, el ruido de unos pasos se mezcló con sus propias pisadas y la sacó de su letargo. Apenas tuvo tiempo de apartarse cuando se cruzaron con ella dos sombras que bajaban por el camino a toda velocidad. Eran los guardias del cementerio, que corrían espantados. Habría querido detenerlos para saber de qué se asustaban, pero prefirió ocultarse detrás de un ciprés. ¿Qué habrían pensado al ver a una mujer sola en mitad de la noche, despeinada y descalza?

A lo lejos, la verja volvió a chirriar.

Siguió andando, pero esta vez avanzaba con más precaución.

Ahora estaba completamente espabilada.

«Ras-ras».

Algo estaba pasando.

«Ras-ras».

Algo extraordinario.

«Ras-ras».

Algo que había hecho que se levantara en plena noche para acudir a ese lugar.

«Ras-ras».

Cuando llegó a la tumba de Jesús, lo comprendió.

Habían apartado a un lado la piedra que tapaba la entrada, y la puerta estaba abierta.

La lechuza volvió a ulular.

María Magdalena se quedó inmóvil. Su primera reacción habría sido salir corriendo, como habían hecho los guardias, pero algo más fuerte que ella la mantenía en el sitio.

Tomó una profunda inspiración y se decidió a cruzar la puerta de la tumba.

La envolvían las tinieblas.

Avanzó varios metros sin saber por dónde pisaba, sintiendo en los dedos la humedad de la roca.

De pronto, se oyó un ruido ensordecedor, y algo que no logró identificar en la oscuridad se agarró a su pelo. Quiso gritar, pero, antes de que pudiera emitir ningún sonido, la criatura se había soltado. Al girarse, María Magdalena comprendió que se había preocupado por nada: varios pájaros blancos, sin duda molestos por su intrusión, aleteaban para escapar de la tumba.

Siguió avanzando a tientas, con las piernas atenazadas por la sorpresa.

A lo lejos, volvió a oír el grito de la lechuza, que llegaba apagado por las gruesas paredes de la tumba.

Siguió avanzando, un poco más deprisa, pues ahora distinguía un débil fulgor. Atraída por el resplandor, aceleró el paso y varios metros más allá llegó al centro de la tumba.

Se acercó al foco de luz que bañaba la estancia. En el exterior había amanecido y los primeros albores acariciaban los muros del sepulcro. Un fino rayo de luz se había abierto paso entre las imperfecciones de la roca. Los ojos de María Magdalena se acostumbraron enseguida a la oscuridad, y pudo observar la estancia con atención. Tardó unos instantes en darse cuenta de lo que sucedía y giró varias veces sobre sí misma hasta que comprendió con claridad. La tumba de Jesús estaba vacía, completamente vacía. Habían robado el cuerpo.

No tuvo tiempo de recuperarse de la impresión porque, fuera,

«ras-ras»,

alguien pasaba cerca de la tumba.

«Ras-ras».

Salió corriendo, procurando no golpearse con las paredes estrechas.

«Ras-ras».

En el exterior, los pasos parecían alejarse.

«Ras-ras».

Por fin, salió de la sepultura.

«Ras-ras».

Un poco más allá, caminaba un hombre,

«ras-ras»,

y ella creyó que era el jardinero.

«Ras-ras».

—¿Qué has hecho con el cuerpo de Jesús? —gritó.

«Ras-ras».

Pero el hombre no respondió.

«Ras-ras».

—¿Qué has hecho…? —quiso repetir, pero no pudo terminar su frase.

El hombre se había dado la vuelta.

Sonreía.

Era Jesús.

Jesús de Nazaret.

Por los caminos

La habían tomado por loca.
Bartolomé y Tadeo habían querido echarla con cajas destempladas de la casa en la que se habían refugiado.
Pedro se había quedado sin palabras y se había limitado a asentir con la cabeza, como si creyera lo que estaba diciendo.
—¿Dices que está vivo? Demuéstralo —había exclamado Tomás con tono agresivo.
Juan la había alejado de sus compañeros y le había echado por los hombros un paño de lana, como si estuviera enferma. Ella lo había rechazado y los había dejado ahí con sus penas:
—Ya veréis —había dicho mientras se alejaba.
Y habían visto.
Habían visto lo que no habían creído.
Jesús había venido.
Vino a buscar a Pedro, que volvió a hablar acto seguido.
Vino a buscar a Juan, que se apresuró a escribir ese nuevo prodigio.
Vino a buscar a Santiago, Felipe y Andrés.
Y a Mateo, Tadeo y Bartolomé.
Y a Santiago el Mayor.
Y a Simón.
E incluso a Tomás, que había insistido en tocar sus llagas para cerciorarse de que era él.
El único al que no pudo ir a buscar fue a Judas, porque había muerto. Lo habían encontrado ahorcado en un árbol; a sus pies estaba la bolsa de monedas que había recibido por denunciar a Jesús.

Y, tal y como les había anunciado María Magdalena, habían visto que estaba vivo.
Y se habían agolpado a su alrededor, como niños.

Igual que antes.
Les había hablado y los había escuchado.
Les había hablado y ellos habían comprendido.
Una vez más debían abandonarlo todo.
Una vez más debían partir pero ahora cada uno debía tomar una dirección por el ancho mundo.
Debían predicar las palabras que él había pronunciado y contar a la gente a la que Jesús había curado, las maravillas que había obrado.
Debían difundir cómo había sido amado, cómo lo habían matado y cómo había regresado, vivo.
Debían ser las semillas que esparce el viento, las hojas que lleva la corriente, los granos de arena que arrastra la tormenta.
Y, cuando reunieron el arrojo suficiente, cuando sintió que ningún peligro los apartaría de su camino, les dio un último abrazo y desapareció.
Y, por más que lo buscaron, esta vez ya no dieron con él.
No lo veían, pero su corazón se había llenado con sus palabras.

Era temprano.
La bruma matutina se disipaba poco a poco y dejaba paso a un cielo azul.
Ante la gran puerta de Jerusalén en la que se han dado cita, se palpaba en el ambiente el nerviosismo de las grandes despedidas. Cada uno de ellos, mal que bien, había reunido sus escasos bienes. La mayoría llevaba un petate, otros habían fabricado un zurrón con pieles, y otros habían atado unas cuerdas a modo de red de pescar.
Cuando llegó Juan cargado con un zurrón y una enorme tinaja de barro, todos se echaron a reír. ¿Cómo pensaba caminar con esa carga?

Llegó la hora de despedirse. Si se retrasaban, haría mucho calor para el viaje.
Se habían dado largos abrazos y besos por última vez.
Santiago y Simón incluso se habían echado a llorar, lo que había sacado un poco de quicio a Tomás.
Todos se habían despedido de María Magdalena y de Lázaro, que habían ido a decirles adiós. Ellos también salían de viaje. Esperaban que un barco echara anclas al otro lado del mar, allí donde, según decían, a veces hacía tanto frío que el agua se ponía dura como una piedra.

Por último, uno tras otro se fueron dispersando, cada uno por una carretera, cada uno en una dirección.
De vez en cuando, se daban la vuelta para dirigirse un saludo.
Hasta que por fin se convirtieron en puntos diminutos y desaparecieron en el horizonte.

Ya solo quedaba Juan.
Abrazó a María Magdalena estrechándola con fuerza.
Luego, arrastrando su pesada tinaja, se fue por los caminos.
Tardó varios días en llegar al destino que tenía pensado.
Era una montaña rocosa que se alzaba frente a la llanura.
El ascenso fue difícil, pero al fin, tras largos esfuerzos, llegó a una gruta que no se veía desde el camino, allá abajo. Se encontraba en lo alto de un valle inmenso desde el que se divisaba Jerusalén.
Se sintió aliviado. En aquel lugar, su cargamento estaría a salvo.
Cuando recuperó el aliento, sacó del zurrón una piel bien curtida, un frasco de tinta oscura y una pluma de oca que talló con un cuchillo. Seguidamente, escri-

bió el relato de lo que había sucedido los últimos días. El regreso de Jesús, las palabras que había pronunciado y la despedida de todos. También quiso describir su último abrazo con María Magdalena, su pelo de fuego y su piel salpicada de pecas rojas, pero lo pensó mejor. Prefería reservarse aquel recuerdo para sus adentros.

Cuando se secó la tinta, enrolló la piel en la que había escrito sus palabras, la envolvió en una tela para protegerla y la guardó en la tinaja, donde también había metido los otros rollos. Esos rollos en los que había escrito la vida y las palabras de su amigo Jesús.

La cerró con cuidado y la arrastró hasta el fondo de la cueva. Apartó varias piedras para cavar un nicho de un tamaño adecuado y lo volvió a cubrir hasta que quedara bien disimulado. Para terminar, marcó la roca con una cruz.

Recogió sus cosas y, tras volver la vista atrás una última vez, se puso en camino. Se sentía sereno. Aunque nadie quisiera escucharlos o creerlos, aunque un día la muerte los obligaría a guardar silencio, alguien encontraría las palabras que había escrito.

Y así nunca nadie olvidaría esa historia.

La historia de Jesús.

Jesús de Nazaret.

Hasta la noche, se pudo avistar la figura de Juan caminando en la llanura.
Sobre su cabeza volaba un pájaro que lo cubría con su sombra de vez en cuando.
Luego, cuando el sol se teñía de rojo, desapareció en una nube de polvo.
Y en la inmensidad del cielo solo quedaron el pájaro y su aleteo.

Anexos

Índice alfabético

A
Abraham 7, 67
agua 17, 18, 20, 29, 30, 39, 42, 43, 50, 51, 55, 56, 61, 65, 73, 82, 83, 86, 87, 88, 95, 103, 123, 140
andar sobre el agua 82, 83, 87
Andrés 50, 51, 54, 57, 66, 81, 83, 88, 102, 106, 136
animal 26, 45, 70, 102, 114

B
Baltasar 21, 26, 28
barco 29, 51, 81, 82, 83, 86, 87, 88, 89, 140
Bartolomé 57, 65, 66, 81, 103, 106, 136
Belén 16, 17, 21, 28, 29
boda 56, 57, 60, 61

C
cabello 37, 48, 55, 78, 79, 82, 123
Cafarnaúm 50, 51, 55, 65, 70, 80, 95, 96
Caná 57
cementerio 132
censo 16
César Tiberio 115
comerciante 60, 61, 81, 95, 102, 103
corona 121
corona de zarzas y espinas 121
Cristo 73
crucificado 115, 122
cruz 123, 141

cuerpo 45, 61, 63, 64, 65, 97, 98, 107, 110, 123, 133, 134
cueva 21, 28, 97, 141
curación 70
curar 66, 95, 97, 111

D
dado 123
demonio 65, 86, 88, 92
desierto 17, 20, 26, 29, 38, 39, 43, 45, 46
diablo 46, 48, 49
Dios 13, 16, 21, 26, 28, 38, 39, 43, 46, 48, 49, 51, 54, 55, 66, 67, 70, 71, 73, 74, 80, 88, 92, 94, 110, 112, 120
Dios mío 110

E
Egipto 29, 30, 79
El que esté libre de pecado que arroje la primera piedra 94
enfermo 64, 66, 70, 79, 92, 96, 108
esperanza 50, 55, 89, 96, 97, 98, 106, 122
espinas 32, 81, 121
estrella 17, 20, 21, 28, 39, 45, 46, 50, 67, 83, 110

F
fariseos 66, 67, 82, 92, 94, 95, 99, 103

G
Galilea 17, 32, 61, 74, 115
gallo 114
Gaspar 21, 26, 28
Gólgota 122, 123

H
Herodes 26, 28, 29, 30, 71, 71, 73, 74, 82
Herodías 71, 73, 74
hijo de Dios 13, 21, 26, 28, 43, 46, 48, 88, 112
hombre pájaro 12, 13, 16, 20, 21, 28

J
jardín 30, 56, 57, 60, 102, 107, 108, 111, 132, 134
Jerusalén 26, 28, 32, 34, 39, 48, 95, 99, 102, 103, 112, 115, 120, 122, 137, 140
Jesús 13, 16, 28, 29, 30, 32, 34, 35, 37, 38, 39, 42, 43, 46, 48, 49, 51, 54, 55, 57, 61, 63, 64, 65, 66, 67, 70, 71, 73, 76, 78, 79, 80, 81, 83, 86, 87, 88, 89, 91, 92, 94, 95, 96, 97, 98, 99, 102, 103, 106, 107, 108, 111, 112, 114, 115, 120, 121, 122, 133, 134, 136, 137, 141
Jordán 39, 42, 43
José 13, 16, 17, 18, 21, 28, 29, 30, 34, 37, 115
Juan 51, 54, 57, 63, 64, 65, 66, 67, 78, 79, 80, 81, 88, 95, 106, 107, 108, 120, 121, 123, 136, 137, 140, 141
Juan el Bautista 38, 39, 42, 43, 46, 70, 71, 73, 76
Judas 66, 81, 106, 108, 111, 136
Judas Iscariote 66
Judea 17, 26, 39, 115

L
lapidación 94
Lázaro 79, 91, 95, 96, 97, 98, 102, 140
leprosos 64, 92
liberador 66
ley 16, 30, 54, 64, 66, 67, 73, 91, 92, 94, 95, 99
lluvia 65, 76, 88
luz 13, 16, 17, 20, 21, 39, 48, 49, 50, 51, 70, 71, 80, 89, 96, 97, 98, 110, 133

M
maravilla 63, 65, 81, 87, 89, 92, 137
María 13, 16, 17, 18, 21, 29, 30, 32, 34, 35, 37, 38, 57, 61, 115, 120, 121, 123
María Magdalena 7, 78, 79, 91, 95, 96, 97, 98, 99, 123, 132, 133, 136, 140, 141
Marta 96, 97
Mateo 57, 64, 65, 66, 70, 71, 76, 81, 89, 91, 103, 106, 136
Melchor 20, 21, 26, 28
Mesías 39, 43, 54, 66
Mesopotamia 39
Moisés 30, 67, 94
montaña de los cráneos 115, 120, 122, 123
muerte 76, 78, 91, 94, 97, 103, 107, 123, 141
mujer 13, 26, 37, 39, 60, 70, 71, 78, 87, 91, 92, 94, 95, 102, 132

N
Nazaret 13, 16, 30, 37, 54, 115, 134, 141

O

olivo 30, 76, 107, 108
oración 34, 66, 67, 80, 83, 97, 102

P

pan 30, 42, 46, 60, 65, 73, 80, 81, 89, 106, 107, 115
palabra de Dios 48, 54, 66, 67
paloma 79, 102, 103
paralítico 65
Pascua 32, 102, 112, 120
pecado 94, 96
Pedro 50, 51, 55, 57, 64, 65, 66, 70, 71, 76, 80, 81, 83, 86, 87, 88, 89, 92, 95, 102, 106, 108, 111, 112, 114, 115, 136
peregrinos 112, 122
pesca milagrosa 50, 51, 87
pescado 50, 51, 55, 60, 89, 106
piedra 18, 45, 46, 48, 50, 51, 55, 64, 76, 79, 80, 91, 92, 94, 95, 97, 133, 140, 141
polvo 17, 78, 121, 141
Poncio Pilato 115
prodigio 61, 66, 86, 92, 136

R

reino de Dios 80
reino de los cielos 94
romanos 16, 26, 66, 82, 99, 103, 107

S

sacerdote 34, 35, 39, 102, 103
sal de la tierra 80
Salomé 74, 76
Samaría 17
sepultura 134
serpiente 28
Simón 50, 51, 54, 55, 57, 66, 81, 86, 103, 106, 136, 140
Simón el zelote 66
soldado 29, 73, 107, 111, 112, 121, 123
sudario 97

T

Tadeo 66, 81, 103, 108, 136
tempestad 88
templo 32, 34, 35, 48, 102, 103, 115
tierra 12, 13, 20, 28, 30, 49, 66, 80, 98, 123
tierra prometida 66
tinieblas 133
todopoderoso 16, 94
Tomás 57, 64, 66, 80, 81, 91, 92, 95, 103, 136, 140
túnica 18, 38, 42, 56, 57, 64, 65, 81, 82, 87, 114

U

última cena 106, 115

V

vino 21, 56, 60, 61, 82, 89, 106, 107, 115

Z

Zebedeo 51

Índice de contenidos

Prefacio   7

Un nuevo testamento

El hombre pájaro   12
El viaje   16
La estrella   20
El tirano   26
Un niño como los demás   30
El que endereza los senderos tortuosos   38
El desierto   45
La hora azul   50
La boda   56
Las maravillas   63
La danza   70
Juan escribe   78
Sobre el agua   82
La que ama a otro hombre   91
La sombra blanca   96
Las palabras recuperadas   102
En un jardín rodeado de olivos   108
La montaña de los cráneos   120
La puerta abierta   132
Por los caminos   136

Anexos

Índice alfabético   145

Agradecimientos

Porque un día, al final de una comida, me preguntó cuál sería el texto más loco que me gustaría escribir, porque ese día respondió «¡Venga!», cuando le dije «la Biblia», porque fue así como empezó todo, le doy las gracias a Valérie Cussaguet.
Porque ha seguido este proyecto con entusiasmo y pasión, y ha hecho lo posible para que esta biblia sea un libro excepcional, me gustaría igualmente darle las gracias a Brigitte Leblanc.
Y por fin, por sus numerosas relecturas y pacientes consejos, le doy las gracias a Astrid Lechermeier, que además de compartir mi vida es, también, mi primera lectora.

Philippe Lechermeier

La editorial agradece enormemente a todos aquellos que han brindado su preciosa ayuda para la realización de esta excepcional obra, en particular a Myriam Blanc, Élise Courtois, Solène Lavand, Nathalie Marcus, Eddy Pierrel, Virginie Vassart-Cugini y Francis Verdelet.

Traducido por Elena Gallo Krahe
Diseño gráfico y maquetación: Taï-Marc Le Thanh

Título original: *une bible. nouveau testament*
© Hachette Livre / Gautier Languereau: de esta edición, 2017; de la primera edición, 2014
© Grupo Editorial Luis Vives: de esta edición, 2017; de la primera edición, 2014

ISBN: 978-84-140-1059-4
Depósito legal: Z 847-2017

Impreso en Gráficas Estella en España.

Todos los derechos reservados. Cualquier forma de reproducción, distribución, comunicación pública o transformación de esta obra solo puede ser realizada con la autorización de sus titulares, salvo excepción prevista por la ley. Diríjase a CEDRO (Centro Español de Derechos Reprográficos) si necesita fotocopiar o escanear algún fragmento de esta obra (www.conlicencia.com; 91 702 19 70 / 93 272 04 47).

Este libro se acabó de imprimir
por primera vez en el mes de junio del año 2017
en Gráficas Estella, España.